Obama e as Américas

Confira as publicações da Coleção FGV de Bolso no fim deste volume.

FGV de Bolso 19
Série Entenda o Mundo

Obama e as Américas

Abraham Lowenthal
Laurence Whitehead
Theodore Piccone (orgs.)

1ª edição – 2011

Impresso no Brasil | *Printed in Brazil*

Estes capítulos foram comissionados originalmente pela Brookings Latin American Initiative para um livro intitulado Shifting the Balance: Obama and the Americas, lançado em inglês pela Brookings Institution Press em janeiro de 2011. Uma versão em espanhol, chamada Obama y las Américas ¿Esperanza o Decepción? foi publicada pela Editorial Planeta em outubro de 2010.

COORDENADORES DA COLEÇÃO: Marieta de Moraes Ferreira e Renato Franco
COORDENADOR DA SÉRIE "ENTENDA O MUNDO": Matias Spektor
PREPARAÇÃO DE ORIGINAIS: Ronald Polito
REVISÃO: Fatima Caroni, Marco Antônio Corrêa e Sandro Gomes dos Santos
TRADUÇÃO: Anna Clara Monjardin, Michelle Fernandez e Pedro Mariano Martins Pontes
DIAGRAMAÇÃO, PROJETO GRÁFICO E CAPA: dudesign

Ficha catalográfica elaborada
pela Biblioteca Mario Henrique Simonsen/FGV

Obama e as Américas / Abraham Lowenthal...[et al.]. – Rio de Janeiro : Editora FGV, 2011
210 p. (Coleção FGV de bolso. Série Entenda o mundo)
Inclui bibliografia.
ISBN: 978-85-225-0938-6

1. Obama, Barack, 1961-. 2. Estados Unidos -- Relações exteriores – América Latina.
3. América Latina – Relações exteriores – Estados Unidos. I. Lowenthal, Abraham F., 1941-. II. Fundação Getulio Vargas. III. Série.

CDD – 327.7308

Editora FGV
Rua Jornalista Orlando Dantas, 37
22231-010 | Rio de Janeiro, RJ | Brasil
Tels.: 0800-021-7777 | 21-3799-4427
Fax: 21-3799-4430
editora@fgv.br | pedidoseditora@fgv.br
www.fgv.br/editora

Sobre os autores

Abraham F. Lowenthal é professor da University of Southern California, *senior fellow* não residente da Brookings Institution e presidente emérito do Pacific Council on International Policy. Foi diretor fundador do Inter-American Dialogue entre 1982-1992.

Andrés Rozental é pesquisador não residente do Brookings Institution e foi presidente fundador do Conselho Mexicano de Assuntos Internacionais.

Carlos Heredia dirige o Departamento de Estudos Internacionais do Centro para Pesquisa e Ensino de Economia (Cide).

Daniel P. Erikson foi pesquisador associado ao Inter-American Dialogue e agora é assessor do subsecretário de Estado para o Hemisfério Ocidental no Departamento de Estado.

George Grey Molina foi bolsista de pesquisa de programa conjunto das universidades de Oxford e Princeton e coordenador do relatório do Pnud sobre desenvolvimento humano na Bolívia. É diretor do Instituto Alternativo.

Jennifer McCoy é professora de ciência política na Georgia State University e diretora do Americas Program no The Carter Center.

João Augusto Castro Neves é doutorando na Universidade de São Paulo e sócio fundador da CAC Consultoria Política.

Juan Gabriel Valdés foi chanceler do Chile, representante especial do secretário-geral da ONU e diretor da missão de estabilização do Haiti entre 2003 e 2006.

Laurence Whitehead é professor do Nuffield College, Oxford e editor da série de livros Oxford Studies in Democratisation da Oxford University Press.

Matias Spektor é professor e coordenador do Centro de Relações Internacionais da Fundação Getulio Vargas. Foi pesquisador visitante no Council on Foreign Relations.

Theodore J. Piccone é pesquisador sênior e vice-diretor de estudos de política externa no Brookings Institution.

O INCT-Ineu

O Instituto Nacional de Ciência e Tecnologia para Estudos sobre Estados Unidos (INCT-Ineu) é um projeto inédito no país, criado em 2008 sob os auspícios do Ministério de Ciência e Tecnologia com apoio de diversas instituições, particularmente o CNPq e a Fapesp. O instituto possui uma estrutura descentralizada, em rede, abrangendo diversos estados brasileiros. Ele está baseado em universidades de excelência acadêmica como Unesp, Unicamp, PUC-SP, UFSC, UFPI, UEPB, UFPB, UFU, no Centro de Estudos de Cultura Contemporânea (Cedec) e no Programa de Pós-Graduação em Relações Internacionais Santiago Dantas.

O INCT-Ineu está voltado precipuamente à análise das relações exteriores dos Estados Unidos. Dada a centralidade desse país no sistema mundial, o escopo do instituto é bastante amplo. Como os EUA há muito definem seus interesses em perspectiva global, o trabalho do instituto envolve consideração dos regimes internacionais e dos contextos regionais em que tais interesses são exercidos. Da mesma forma, o INCT-Ineu também se empenha no estudo de diferentes instituições e processos internos (econômicos, socioculturais e políticos), de acordo com sua relevância respectiva para o entendimento da política exterior dos EUA.

O trabalho de investigação organiza-se em grandes áreas temáticas, abordando temas de economia política internacional, doutrinas estratégicas e políticas de segurança, instituições internacionais e governança global, direitos humanos, e políticas regionais para a América do Sul. O INCT-Ineu também é lar do Observatório Político dos Estados Unidos (Opeu), um portal de notícias e um banco de dados dedicados ao acompanhamento de política doméstica e internacional dos Estados Unidos.[1]

A missão do INCT-Ineu é fomentar crescimento e consolidação da área de estudos sobre Estados Unidos no Brasil. Aliado à pesquisa, o instituto também se esforça para promover a formação de pessoal qualificado e a criação de canais de difusão na sociedade brasileira. Em outro plano, o INCT-Ineu procura contribuir com os formuladores da política externa brasileira, com o monitoramento sistemático dos processos de elaboração e implementação da política exterior dos Estados Unidos. O INCT-Ineu tem como objetivo fornecer instrumentos para a melhor compreensão dos EUA, diminuindo o distanciamento entre sociedade e academia no Brasil e fornecendo um melhor embasamento para nossas relações diplomáticas, empresariais e culturais.

Tendo em vista a importância do tema e a complexidade das relações entre EUA e América Latina, foi com entusiasmo

[1] O site do INCT-Ineu pode ser acessado em: <http://www.inct-ineu.org.br>. O site do Opeu pode ser acessado em: <http://www.opeu.org.br>.

que o INCT-Ineu recebeu o convite da Brookings Institution e do Centro de Relações Internacionais da Fundação Getulio Vargas para participar da edição em língua portuguesa deste trabalho. Não há dúvida de que a publicação da presente obra só tem a contribuir com a missão e os objetivos do instituto.

Sumário

Apresentação

*Tullo Vigevani e Geraldo Zahran**

Ao longo da história, as relações entre os Estados Unidos e os países da América Latina apresentaram características e relevância distintas para ambas as partes. De maneira geral, os Estados Unidos representam um ponto focal da política externa dos países latino-americanos, seja por atração ou repulsão. Por conta de seu tamanho territorial e econômico, força militar, presença cultural e diplomática e projeção global de interesses, os países do hemisfério ocidental são continuamente obrigados a se posicionar a respeito de políticas dos EUA, quer por alinhamento ou declarada oposição. Para os Estados Unidos, essa relação tem outra natureza. Mesmo antes da articulação da Doutrina Monroe, em 1823, o continente americano era pensado como uma área natural de influência e expansão dos interesses dos EUA. Até final do século

*Tullo Vigevani é professor da Unesp e pesquisador do Cedec e do Instituto Nacional de Ciência e Tecnologia para Estudos sobre os Estados Unidos (INCT-Ineu). Geraldo Zahran é professor da PUC-SP e pesquisador do INCT-Ineu.

XIX, essa premissa de naturalidade esteve bem expressa nas relações com México, Cuba, países da América Central e nas tratativas com a Colômbia que culminaram na criação do Panamá. Apesar de exceções pontuais, as relações com a América Latina sempre tiveram um baixo perfil político. Os Estados Unidos mostraram-se confortáveis com um grau moderado de relacionamento diplomático desde que potências estrangeiras não exercessem influência demasiada ou ameaçassem seus interesses na região – como poderia ter acontecido em relação à Alemanha nas décadas de 1930 e início de 1940 e posteriormente em relação à URSS. Durante a Guerra Fria, o envolvimento dos Estados Unidos com regimes ditatoriais no continente teve enorme impacto nos países latino-americanos e em suas sociedades. Contudo, para os EUA, a América Latina era considerada apenas mais um *front* da disputa global contra o comunismo soviético. Particularmente, uma região onde os EUA detinham maior facilidade de acesso e recursos e, portanto, não uma das áreas de disputa prioritárias. De tempos em tempos, questões pontuais como disputas comerciais ou instabilidade política em alguma parte do continente vieram e continuam vindo à tona. Alguns desses temas ganharam maior importância no pós-Guerra Fria, como políticas de imigração e combate ao narcotráfico. Mas como em toda relação na qual há disparidade de forças entre as partes, a sensibilidade dessas questões é percebida de maneira diferente por cada parte.

Com vistas tanto à análise acadêmica quanto ao debate político, a obra aqui apresentada é uma reflexão sobre as relações entre os Estados Unidos e os países da América Latina em um momento de notada fluidez na política internacional. Seria extremamente simplista falar de uma situação de declínio da hegemonia dos Estados Unidos, quando já inúmeras derrocadas foram anunciadas apenas para serem depois desmentidas pelos fatos e pela fragilidade de suas análises. Mas existe sim algo de particular na política internacional contemporânea que desafia a atuação dos EUA no mundo, com reflexos particulares na relação com a América Latina. Esse novo estado de coisas perpassa processos tão heterogêneos como: a) a crise de legitimidade da hegemonia dos norte-americanos, proveniente de iniciativas unilaterais de política externa e do recurso a meios militares; b) a crise financeira instalada nos centros nevrálgicos da economia mundial; c) a ascensão da China como potência comercial, financeira e, cada vez mais, diplomática e militar no sistema internacional; d) a iminência de uma crise ambiental global e a necessidade de negociação de novos padrões econômicos de produção, consumo, geração de energia e utilização dos recursos naturais do planeta; e) movimentos por reformas nas instituições internacionais de governança global, simbolizados no possível fortalecimento do G-20 como fórum legítimo de coordenação política e econômica na esfera internacional; f) na emergência de países com efetiva liderança no Sul, como Brasil, Índia e África do Sul; g) no fortalecimento e maior representação de movimentos da sociedade civil na esfera internacional, impulsionados por novas tecnologias da informação, em processos que vão desde manifestações contra o livre-comércio a movimentos de revolução nacional e derrubada de regimes autoritários, como no Oriente Médio, à divulgação de documentos secretos do governo dos EUA na internet. Na América Latina, é o espaço aberto pela crise de legitimidade da liderança dos Estados Unidos no cenário internacional que permite, por exemplo, que discursos de uma "alternativa bolivariana" ganhem espaço e sejam discutidos, independentemente de sua viabilidade prática e existência real.

Para além das mudanças no cenário internacional, talvez sejam as mudanças no plano doméstico dos EUA as que mais afetam a relação entre este e os países latino-americanos. A eleição de Barack Obama em 2008 deveu-se, em grande parte, aos insucessos de seu antecessor. George W. Bush deixou como legado duas invasões militares inacabadas, seguidos déficits nas contas públicas e na balança comercial, e a maior crise econômica vista em décadas recentes. Quando o governo Obama tomou posse, em janeiro de 2009, uma das expectativas mais consensuais era a de retorno a práticas multilaterais em organismos internacionais, especialmente quando comparado a Bush. Havia, também, certo consenso de que a política externa não viesse a ser prioridade no início do novo governo. Recuperação econômica e geração de empregos seriam sem dúvida os temas principais, logo seguidos por escolhas prioritárias de Obama, como a reforma do sistema de saúde, a regulação do sistema financeiro e a tentativa de aprovação de um novo regulamento sobre meio ambiente e energias renováveis. Todavia, as experiências recentes também deixaram suas marcas na sociedade dos EUA. A população tornou-se muito mais reticente em manter e financiar ocupações em áreas longínquas do globo, nas quais a ameaça à segurança do país não seja explícita, onde seus jovens são expostos a situações traumáticas e seus custos fazem apenas aumentar a dívida do governo. À medida que a recuperação econômica evolui lentamente, a parcela conservadora do eleitorado ganha força, criticando o governo por reformas e iniciativas que a oposição republicana estigmatiza como dispendiosas e ineficientes. Discursos extremados contra imigração ilegal também se fortalecem, criminalizando a figura do estrangeiro que fornece mão de obra barata e rouba empregos de cidadãos estadunidenses.

Esse é o contexto doméstico nos EUA no qual se desenvolvem as relações com a América Latina. O presidente Obama, eleito em meio a grandes expectativas e esperanças por mudanças, tem de equacionar uma lenta recuperação econômica e uma opinião pública desinteressada por engajamentos internacionais, cujas parcelas mais conservadoras ganham cada vez mais voz. Emprego e recuperação econômica são os grandes temas. É nesse quadro que a administração Obama tem de gerenciar anseios, demandas e crises com seus parceiros latino-americanos. Tais situações são tão diversas como o são: questões estratégicas de combate ao narcotráfico; políticas de imigração; comércio e desenvolvimento econômico na relação com o México; a permanente questão do embargo a Cuba e das relações com a ilha; a política externa antagonista promovida por Hugo Chávez na Venezuela; o golpe de Estado em Honduras; a crise humanitária no Haiti; o rápido crescimento do Brasil e sua projeção na política internacional.

Esta coletânea de artigos, escritos por importantes especialistas nas relações entre os Estados Unidos e países da América Latina, expõe alguns dos possíveis impactos e expectativas, riscos e possibilidades no engajamento entre a administração Obama e os países da região. Em linhas gerais, a obra analisa a evolução das relações dos Estados Unidos com a América Latina – e particularmente os casos de México, Brasil, Venezuela, Bolívia, Cuba e Haiti –, buscando compreender o que haveria de novo na administração Obama. Ainda que em uma perspectiva propositiva, surge algum ceticismo, em vista das sérias dificuldades enfrentadas pela administração no plano doméstico. Os autores, todos especialistas de reconhecido mérito, não se limitam a um debate geral, mas indicam diretrizes e buscam influir no debate e nos agentes políticos. Em seu conjunto, os textos refletem, certamente, um debate norte-americano que visa a melhorar as relações com a região, com contribuições de especialistas latino-americanos e outros.

Abraham Lowenthal abre a obra refletindo sobre o relacionamento com a América Latina, dados os constrangimentos políticos domésticos nos EUA e as dificuldades da administração Obama. Carlos Heredia e Andrés Rozental exemplificam alguns desses temas ao analisar as relações EUA-México. Os autores argumentam que as soluções para a questão migratória dificilmente alcançarão consenso, mas, sobretudo, que elas não são prioridade para uma administração Obama obrigada a concentrar seu capital político em outros temas. Essa falta de urgência e de capital político a ser despendido nas relações com o continente possivelmente terá impactos em casos mais sensíveis. Ao analisar as relações EUA-Venezuela, Jennifer McCoy mostra que, com Obama, a grande dificuldade poderá ser a paralisia no tocante a iniciativas negociadoras da parte dos EUA. George Gray Molina expõe algo parecido ao analisar as relações com a Bolívia. Segundo o autor, depois do acirramento de relações no primeiro governo de Evo Morales, existe uma pequena chance de modificação e quebra da paralisia de ambos os lados se os países moverem-se para além das discordâncias ideológicas, expandirem a agenda de trabalho para áreas de caráter mais técnico, como comércio e meio ambiente, e explorarem o âmbito multilateral via OEA e Unasul. Daniel Erikson também aponta para os riscos de expectativas exageradas e de "não haver um novo começo" nas relações EUA-Cuba. De acordo com Erikson, apesar de todo o falatório sobre novos caminhos, o fato mais marcante é a continuidade tanto de Obama quanto de Raúl Castro com posicionamentos de governos anteriores. Já Juan Gabriel Valdés talvez seja o autor a adotar o tom mais otimista do grupo, ao mostrar o papel que os EUA poderiam desempenhar na reestruturação do estado no Haiti, com custos relativamente baixos e grandes vantagens para ambos: humanitárias e sociais para o Haiti, e simbólicas e de liderança para os EUA. O livro conclui com duas intervenções de caráter mais amplo: uma de Theodore Piccone, que discute a agenda de Obama para a promoção da democracia no continente e sua atuação nos organismos multilaterais, e a conclusão de Laurence Whitehead, sobre a relação entre EUA e América Latina em um período de recursos escassos e de crise de liderança no sistema internacional.

Ademais, não poderíamos deixar de comentar a relação Brasil-EUA. Ainda que não dito explicitamente na análise de João Augusto de Castro Neves e Matias Spektor, o pano de fundo das relações entre esses dois países difere em muito do restante do continente. Como os autores demonstram, o Brasil tem densidade política, econômica e diplomática e tal fato muda a característica da relação entre ambos, não apenas no plano bilateral, mas também no contexto multilateral. É possível que a chamada "indiferença benigna" da administração de George W. Bush tenha continuidade sob Obama. A visita presidencial ao Brasil em março de 2011 não deixa claro se haverá mudança real no nível de prioridade da relação política e diplomática entre os dois países. Mas, para além disso, é preciso entender que tais dinâmicas encontrarão interesses e objetivos comuns e, em outros momentos, pontos naturais de atrito e fricção. Ao mesmo tempo, com os dilemas vividos pelos EUA no sistema internacional e com o crescimento e amadurecimento da representatividade política, econômica e diplomática do Brasil, a importância de um país para o outro tende a crescer objetivamente. E com ela cresce também nosso interesse pelo estudo, pesquisa e debate público no Brasil sobre os Estados Unidos, objetos desta obra.

Capítulo 1

O governo Obama e as Américas: promessa, desapontamento, oportunidade*

Abraham F. Lowenthal[**]

Poucos observadores esperavam que o governo Obama dedicasse muita atenção à América Latina e ao Caribe, considerando todos os outros problemas herdados da gestão anterior, como uma profunda crise financeira e duas guerras onerosas e impopulares. Nenhum dos países da região representava uma ameaça iminente à segurança dos EUA. Nenhum parecia ter chance de ser fonte ou alvo de atividades terroristas. Além disso, durante a campanha, o então senador Obama pouco mencionou a América Latina, salvo comentários feitos na região do Cinturão Manufatureiro (Rust Belt), durante as primárias democratas, de que o Acordo de Livre Comércio da América do

---

* Uma versão editada deste artigo foi publicada na *Foreign Affairs* (July/Aug. 2010:110-124).
** Agradeço os comentários feitos sobre um rascunho anterior por Marcel Biato, Kevin Casas-Zamora, Sue Cobb, Richard Downie, Daniel Erikson, Jorge Heine, Jane Jaquette, Carlos Malamud, Cynthia McClintock, Jennifer McCoy, Theodore Piccone, Christopher Sabatini, Thomas Shannon, Michael Shifter e Laurence Whitehead. Agradeço também a Carrie McCaskill e Melissa Lockhart pela prestativa assistência na pesquisa.

Norte (Nafta) deveria ser renegociado, e vagas menções sobre acordos de livre-comércio com a Colômbia e o Panamá.

Após a eleição, no entanto, Barack Obama e membros de sua equipe rapidamente mostraram interesse pela América Latina e o Caribe. Como presidente eleito, Obama se reuniu somente com um líder estrangeiro: Felipe Calderón, do México. O primeiro estrangeiro que recebeu em Camp David foi o presidente brasileiro Luiz Inácio (Lula) da Silva. Logo, recebeu Michelle Bachelet, do Chile, e Álvaro Uribe, da Colômbia, em Washington. O primeiro encontro da secretária de Estado Hillary Rodham Clinton com um chefe de estado estrangeiro foi com o presidente do Haiti, René Préval. Em março, o vice-presidente Joseph Biden visitou o Chile e a Costa Rica, enquanto a secretária Clinton, o chefe do Estado-Maior Conjunto, Michael Mullen, o procurador-geral, Eric Holder, e a secretária de Segurança, Interna Janet Napolitano, viajaram para o México, antes de uma viagem do próprio Obama para o país.[1]

Oficiais do governo logo reviram a posição inicial de Obama sobre o Nafta e os acordos de livre-comércio com a Colômbia e o Panamá. O anúncio do presidente de que ele iria pressionar por uma reforma abrangente na política americana de imigração foi bem recebido por toda a região. O governo também anunciou novas iniciativas para Cuba, levantando restrições sobre viagens e remessas para o país, abrindo a possibilidade de investimentos americanos em redes de comunicação com a ilha e expressando vontade em retomar serviços diretos de correio e consultas bilaterais em questões de imigração. O

[1] Ver, por exemplo, Ellingwood (2009), López e Guerrero (2009) e Nicholas e Wilkinson (2009).

próprio presidente clamou por um novo começo nas relações entre seu país e Cuba.

Além disso, a participação de Obama na 5ª Cúpula das Américas em Trinidad e Tobago recebeu elogios na região pela postura adotada e o interesse declarado em aumentar a cooperação multilateral.

Colocando a América Latina na agenda americana

A principal razão para o engajamento inicial com a América Latina foi a percepção da nova equipe de que, embora os países da região não representassem questões urgentes, alguns deles, em especial o México, serão cada vez mais importantes para o futuro dos EUA. Essa percepção se tornou mais clara após um brusco aumento do número de homicídios no México e de enfrentamentos entre o governo mexicano e os cartéis do narcotráfico. Os efeitos da crise de 2008 no México e o surto do vírus H1N1 tornaram ainda mais grave a situação do país.[2] O novo governo se viu diante de uma escolha: tomar medidas emergenciais para isolar os EUA dos problemas do México, ou cooperar efetivamente com o México para ajudá-lo a lidar com seus problemas e suas implicações para os Estados Unidos (Schaefer, Bahney e Riley, 2009).

A gravidade da situação do México foi percebida em Washington. A atenção da equipe de Obama para a América Latina já se fazia necessária, dado o compromisso assumido pelo

---

[2] Vários ex-funcionários mencionaram, ainda que informalmente, a possibilidade de o México vir a se tornar um "Estado falido", com terríveis consequências para os Estados Unidos. Um relatório do Comando das Forças Unidas dos EUA sugeriu que os cenários mais negativos a curto prazo seriam mais prováveis no México e no Paquistão. Ver United States Joint Forces Command (2008: especialmente p. 36). A cobertura da mídia da crise no México aumentou bruscamente.

presidente de participar da cúpula em Trinidad, e aumentou ainda mais com a percepção de que uma mudança na postura dos Estados Unidos seria bem recebida na região e poderia trazer resultados positivos e concretos em pouco tempo.

Membros da equipe de Obama entenderam que as políticas dos Estados Unidos para a região nos últimos anos haviam sido com frequência ineficazes e, por vezes, contraproducentes. Políticos de ambos os partidos enfatizaram a importância das Cúpulas das Américas para demonstrar o alto nível de comprometimento com a região, mas essas reuniões geravam pouco mais que oportunidades para fotos, retórica e, ocasionalmente, um novo programa ou plano de consultas. Representantes americanos continuavam a defender a Área de Livre Comércio das Américas mesmo quando já estava claro que era um objetivo inalcançável. Depois dos ataques de 11 de setembro, Washington passou a enxergar a América Latina através das lentes do combate ao terrorismo internacional, continuando a enfatizar a questão da segurança na região, ao invés de dar ênfase aos temas que os próprios latino-americanos consideram mais importantes: pobreza, educação, distribuição de renda e violência.

Boa parte da população da região sentia que Washington ainda a via como durante a Guerra Fria. Muitos rejeitaram as políticas adotadas por George Bush, incluindo o paradigma do Consenso de Washington e, especialmente, a invasão ao Iraque. Hugo Chávez se aproveitou deste sentimento subindo o tom de seu discurso antiamericano e expandindo sua influência na região, com vendas subsidiadas de petróleo, ajuda econômica para países da América Central e promessas de financiamento de projetos de infraestrutura na América do Sul.

Muitos países da América Latina e do Caribe têm, enquanto isso, aprofundado o processo sub-regional de integração, em grande medida por meio de instituições formais, mas na maior parte através de aumento nos fluxos de comércio e investimento, multinacionais baseadas na região e redes de cooperação profissional e de negócios. Muitos países da América do Sul se engajaram ativamente em diversos fóruns regionais e mundiais. A Venezuela criou a Alternativa Bolivariana para as Américas (Alba), com a Bolívia, o Equador e mais oito membros da América Central e do Caribe.[3] O Brasil tem desempenhado um papel de liderança com a criação da União das Nações da América do Sul (Unasul) e do Conselho de Defesa Sul-Americano.

Diversos países – principalmente Brasil, Chile, Peru, Venezuela e México – têm diversificado suas relações internacionais para além das Américas, estabelecendo parcerias com países da União Europeia, membros da Apec (Fórum de Cooperação Econômica na Ásia e no Pacífico) e, especialmente, com a China, a Índia, a Rússia e o Irã.[4] O Brasil criou uma aliança estratégica com a Índia e a África do Sul, fortaleceu suas relações com os demais Brics (Rússia, Índia e China), desempenhou um papel de liderança no G-20, na Rodada Doha e na Conferência de Copenhague, e se ofereceu para atuar como mediador em questões do Oriente Médio e do Irã.

Enquanto a atividade internacional e a autoconfiança dos países latino-americanos têm crescido, o apoio ao pan-americanismo tem declinado. A Organização dos Estados Americanos (OEA) tem sido com frequência pouco eficaz, e a Carta Democrática da organização não tem produzido resultados

---

[3] Membros da Alba incluem: Antigua e Barbuda, Bolívia, Cuba, República Dominicana, Equador, Nicarágua, São Vicente e Granadinas. Honduras se retirou oficialmente da aliança em janeiro de 2010.

[4] Ver, por exemplo: Roett e Paz (2008), Ellis (2009), Santiso (2007), Phillips (2009) e Heine (2009).

significativos. O Banco Interamericano de Desenvolvimento (BID) tem se enfraquecido nos últimos anos, com o aumento da liquidez de mercados internacionais de capital privado e da importância da Corporação Andina de Desenvolvimento e do Banco Nacional para o Desenvolvimento Econômico e Social (BNDES). Enquanto atores de fora do hemisfério têm-se tornado mais ativos e visíveis na região, a influência do governo americano vem declinando. Este foi o estado das relações interamericanas que Barack Obama herdou ao assumir a presidência.

Promovendo as relações EUA-América Latina

A política elaborada pelo governo Obama para a América Latina fazia parte de um esforço maior de renovação da política externa americana. Alguns dos principais conselheiros de Obama postularam que a severa crise econômica internacional poderia tornar abordagens interamericanas mais atraentes em boa parte do continente. Acreditavam que demonstrações claras do interesse dos Estados Unidos pela região trariam bons dividendos.

Em vez de adotar um discurso retórico sobre parcerias do Alasca até a Terra do Fogo, o novo governo enfatizou sua preferência por temas que poderiam ser lidados de imediato, ainda que parcialmente, tais como reforçar as instituições financeiras, restaurar os fluxos de crédito e investimento e enfrentar os desafios nas áreas de energia, meio ambiente, e segurança. O governo buscou reconstruir a credibilidade americana sem criar expectativas irreais, ajudando a resolver as questões importantes que haviam criado espaço para Chávez e outros movimentos populistas radicais.

A equipe Obama reconhece que diferenças importantes ainda persistem nos países da região e que algumas dessas diferenças estão aumentando. Entre as mais importantes estão: o nível de interdependência com os EUA; o nível e a natureza da abertura econômica; a força das instituições; o potencial da sociedade civil; o nível de organização sindical e outras entidades não governamentais; e o quanto o país incorpora as populações tradicionalmente excluídas. Os países da América Latina seguem rumos diferentes e é importante que as diferenças significativas entre eles sejam levadas em consideração.

Mudando a mentalidade em Washington

Logo nos primeiros 100 dias após a posse, o governo Obama deu início a uma série de mudanças na forma como os EUA lidam com a América Latina. A primeira foi uma mudança de foco, enfatizando não mais o combate ao terrorismo e sim os problemas comuns enfrentados pela região: crescimento econômico, desemprego, igualdade, segurança, energia, migração, saúde e a consolidação da democracia e do estado de direito.

A segunda mudança foi na abordagem do problema do narcotráfico, buscando redução da demanda e melhor tratamento dos dependentes das drogas, em vez da erradicação total da oferta.[5] O começo de tal mudança se deu com a indicação de Gil Kerlikowske para o posto de diretor do Escritório de Combate às Drogas. Kerlikowske, um ex-chefe de polícia

[5] Ver, por exemplo, Drugs and democracy: toward a paradigm shift, Declaração da Comissão Latino-Americana sobre Drogas, lançada em 9 de fevereiro de 2009. Entre os membros da comissão se encontram os ex-presidentes Fernando Henrique Cardoso, do Brasil, Ernesto Zedillo, do México, e César Gaviria, da Colômbia.

de Seattle, se tornou conhecido por lidar com o problema das drogas como uma questão de saúde pública, e não criminal.

A terceira foi a percepção de que vários dos problemas que afetam as relações dos EUA com a América Latina – imigração, narcotráfico, tráfico de armas, comércio, desenvolvimento sustentável – requerem uma maior dedicação americana para serem solucionados. A equipe de Obama também começou a reconhecer, por exemplo, o papel que os EUA desempenharam em abastecer e facilitar tanto o tráfico de drogas quanto o de armas na região.

A quarta foi o reconhecimento de que as realidades da América Latina hoje demandam governos mais eficientes, mas não necessariamente menores, que possam enfrentar desafios e prover bens que não são providos pelas forças de mercado.

Por último, ao invés de uma mesma abordagem para toda a América Latina, o novo governo tem desenvolvido políticas específicas para lidar com distintas sub-regiões: o México e a América Central; o Brasil, o maior e mais poderoso país da região; os diversos países da Cordilheira dos Andes; e Cuba, um ponto crucial para os Estados Unidos, cuja política para a ilha já deveria ter sido revista.

As fontes da abordagem do governo Obama para a América Latina

Alguns elementos da abordagem de Obama para a América Latina dão continuidade a mudanças discretas iniciadas no segundo mandato de George W. Bush, atribuídas em boa parte ao trabalho do embaixador Thomas Shannon, que se tornou secretário de Estado assistente para o Hemisfério Ocidental em outubro de 2005 e lidou com habilidade e caso a caso com os vários problemas que enfrentou na região. A abordagem inicial do governo Obama para a América Latina e o Caribe também reflete um alto nível de consenso entre os especialistas sobre a região de fora do governo, visível em diversos trabalhos publicados logo após as eleições.[6] Esses trabalhos recomendam maior ênfase em temas como pobreza e desigualdade, e novas abordagens para os problemas ligados ao narcotráfico, violência, energia e a imigração; maior cooperação com o Brasil e fortalecimento da parceria com o México. Em geral, recomendam uma atitude cautelosa e de não enfrentamento com Hugo Chávez, e recomendam novas iniciativas para o Haiti e Cuba, mais pelo significado simbólico do que para solucionar problemas bilaterais urgentes.[7] No entanto, o que mais motivou a equipe de Obama a logo de início se dedicar a melhorar as relações com a América Latina foi, sem dúvida, a necessidade de lidar com as dificuldades do México.

O primeiro ano do governo Obama: de um começo promissor a uma crescente decepção

Ao final do primeiro ano do governo Obama, a decepção com as políticas adotadas era generalizada nos círculos diplomáticos e políticos latino-americanos, e o mesmo sentiam os americanos. Comentários críticos foram feitos não só por

[6] Especialistas em América Latina são cientes desta oportunidade periódica para influenciar a formulação de políticas das novas administrações, como ocorreu com o Relatório Linowitz durante o governo Carter, o impacto do comitê de Santa Fé nas políticas de Reagan e a influência dos relatórios do Inter-American Dialogue entre 1989 e 1993 nos governos George W. Bush e Bill Clinton. Eu participei na primeira, na terceira e na quarta destas iniciativas.

[7] Ver os seguintes relatórios, listados por ordem cronológica de publicação: Washington Office on Latin America (set. 2007); Lowenthal (out. 2007); Council on Foreign Relations (maio 2008); Partnership for the Americas Commission (nov. 2008); Roberts e Walser (jan. 2009); Trade Advisory Group (jan. 2009); e Inter-American Dialogue (mar. 2009).

aqueles que de praxe criticam os Estados Unidos – os irmãos Castro em Cuba, Chávez, Evo Morales, Daniel Ortega e os Kirchner –, mas também por Lula e diversos e experientes especialistas em América Latina.[8] Nos Estados Unidos, a abordagem de Obama para a América Latina foi duramente criticada, não só por republicanos, como também por *think-tanks* de esquerda[9] e observadores centristas.[10]

Vários fatores contribuíram para a decepção. A iniciativa do presidente de retomar o diálogo com Cuba, embora bem-vista nas Américas, acabou não indo muito longe. Após reverter algumas das sanções que haviam sido impostas pelo governo de George W. Bush, o governo Obama indicou que qualquer outra medida rumo a uma reaproximação dependeria de uma demonstração de vontade por parte do governo cubano. Logo, a equipe de Obama se viu na mesma posição que diversos governos anteriores, esperando que Cuba mude.

A ideia de que os EUA estariam se afastando da postura hegemônica que adotava para o continente foi logo criticada, quando a secretária de Estado Hillary Clinton disse que aqueles no hemisfério que cooperarem com o Irã deveriam "pensar duas vezes sobre as consequências", uma advertência que soou demasiado dura para muitos latino-americanos, mesmo para aqueles que não simpatizam com o regime iraniano.[11]

---

[8] Ver a entrevista com o presidente Lula no *Financial Times* (6-11-2009); entrevista com a presidente Cristina Kirchner na CNN Español (25-2-2010); a coluna de Jorge Castañeda no *The New Republic* (28-12-2009); e Rúbens Ricupero (25-10-2009).

[9] Ver Hursthouse e Ayuso, disponível em: <www.coha.org/cambio-the-obama-administration>, e Carlsen (2010).

[10] Ver Hakim (2010), Shifter (2010:67-76) e a entrevista de Sweig com McMahon (2010).

[11] "U.S.-Latin America Relations", discurso da secretária de Estado Hillary Clinton (2009). Ver também: Hillary Clinton Warns Latin America Off Close Iran Ties. *BBC News*. 11 Dec. 2009. Disponível em: <http://news.bbc.co.uk/2/hi/8409081.stm>.

A promessa inicial do presidente Obama de lidar com a reforma na imigração logo no primeiro ano deu lugar a um comprometimento mais limitado. Consultas e propostas foram feitas no primeiro ano e nada indica que bons resultados serão atingidos num futuro próximo. Após admitir a necessidade de controlar a exportação de armas dos EUA para o México, o próprio presidente admitiu que esta seria uma tarefa impossível, por questões internas.

Durante o primeiro ano de governo, a equipe de Obama lidou com questões comerciais de um modo, no mínimo, confuso. O governo rejeitou explicitamente o protecionismo logo após assumir, mas logo aceitou a cláusula "Buy American" no pacote de estímulos econômicos. Demonstrou vontade em buscar acordos de livre-comércio com a Colômbia e o Panamá, mas continuou postergando qualquer avanço concreto. Mostrou-se a favor de um acordo de cooperação energética com o Brasil, mas manteve os subsídios para os produtores americanos de etanol a partir de milho e uma tarifa elevada sobre a importação do etanol brasileiro. Além disso, buscou aprimorar a parceria com o México, mas ao mesmo tempo permitiu que o programa experimental que permitia caminhões mexicanos entrarem nos EUA regredisse, descumprindo uma importante cláusula do Nafta.

Dois eventos recentes complicaram ainda mais a situação. Um foi o resultado da destituição e deportação pelas Forças Armadas de Honduras do presidente Manuel Zelaya, constitucionalmente eleito, em 28 de junho. A resposta inicial do governo Obama foi rejeitar o ocorrido e buscar uma resposta multilateral na OEA. Passado algum tempo, no entanto, Washington relutou em aplicar sanções mais duras, defendidas por boa parte da região. O governo hesitou em parte pela acusação de críticos americanos de que estaria intervindo a favor de Zelaya contra hondurenhos que haviam por muito tempo apoiado os EUA, e que Zelaya seria um instrumento de Hugo Chávez.[12]

Nem a missão diplomática da OEA e nem uma segunda rodada de negociações multilaterais lideradas pelo ex-presidente da Costa Rica, Oscar Arias, foi capaz de resolver o impasse entre Zelaya e o regime de fato que o havia substituído, com o aval do Congresso hondurenho e da Suprema Corte. O embaixador Thomas Shannon foi a Honduras negociar uma solução, e logo mediou um acordo que foi assinado pelo regime de fato e Zelaya e anunciado de modo precipitado pela secretária de Estado Hillary Clinton. No entanto, cada lado em conflito entendeu o acordo de modo diferente, não se chegou a uma solução mutuamente aceitável e o regime de fato, ainda não reconhecido como legítimo por nenhum país, continuou a organizar as eleições presidenciais previstas. Nestas circunstâncias, enquanto Washington continuou sem reconhecer o governo de fato, declarou que reconheceria o vencedor das eleições como a autoridade legítima em Honduras. O imbróglio mostrou as limitações das abordagens multilaterais quando há pouca compreensão da situação local e vontade das partes em conflito em colaborar, e quando intenso *lobby* é feito em Washington sobre um assunto que interessa a poucos.

O segundo evento pelo qual o governo Obama foi fortemente criticado na América Latina foi a forma como lidou com o acordo com a Colômbia, anunciado em agosto de 2009, que permitia o acesso de militares americanos a sete bases colom-

[12] Perspectivas latino-americanas sobre o imbróglio em Honduras foram bastante divergentes. No Brasil, houve intenso debate. Ver, por exemplo, Garcia (2009/2010:123-129), Lampreia (2009/2010:117-122), Biato (2009) e Ricupero (2009).

bianas. O Brasil e outros governos na América do Sul levantaram dúvidas quanto ao acordo, e alguns pediram acesso a todos os termos e garantias formais por parte dos EUA de que suas atividades militares iriam se restringir ao território colombiano. Muitas das preocupações diminuíram logo que os EUA e a Colômbia forneceram detalhes adicionais e o Brasil chegou a um acordo próprio de segurança com os norte-americanos. Mas o compromisso, declarado em Trinidad pelo governo Obama, com consultas e maior transparência foi prejudicado por esse incidente.

Avaliando as políticas de Obama nas Américas

Ainda é cedo para avaliar como as políticas de Obama para a região irão evoluir, ou o que ocorrerá com as relações dos EUA com os diversos países e sub-regiões da América Latina e do Caribe. Esta incerteza se dá em parte porque suas políticas para as Américas são geralmente formuladas menos por considerações estratégicas do que pelo contínuo processo de interação entre atores políticos, burocráticos e diversos grupos de pressão internos. Vários atores têm acesso ao permeável processo de formulação de políticas nos EUA. Em assuntos que não representam nenhuma ameaça à segurança nacional do país, é muito mais fácil influenciar o processo de formulação de políticas do que coordená-lo ou controlá-lo.

Estas tendências são reforçadas pela proliferação de agências governamentais envolvidas em assuntos interamericanos. Hoje em dia, o Departamento de Estado e de Defesa e a Agência Central de Inteligência (CIA) não controlam mais as relações entre os EUA e a América Latina como o faziam desde os anos 1940. Em diversos países, o Departamento de Tesouro, o

Federal Reserve (o FED), o Representante de Comércio, o Departamento de Segurança Interna, o Departamento de Justiça e a Agência de Combate às Drogas têm influência considerável. O Congresso americano, com suas várias comissões e grupos, é mais relevante do que o Poder Executivo em várias questões específicas das relações entre os EUA e a América Latina, e é mais aberto à influência de atores externos. O Judiciário, e mesmo autoridades locais, também tem importância. De fato, a política entre grupos de interesse e atores burocráticos, baseada em cálculos de política interna e na polarização ideológica, tem geralmente mais impacto nas políticas dos EUA para a América Latina do que grandes estratégias de política externa.

Tais questões se tornaram claramente visíveis durante o primeiro ano do governo Obama. A abordagem do governo Obama para Cuba foi limitada tanto pela contínua influência política da diáspora cubana quanto pelo próprio Senado americano, onde decisões individuais podem ser decisivas. A disputa com o México sobre o trânsito de caminhões pelas fronteiras e a suspensão dos acordos de livre-comércio com a Colômbia e o Panamá foram atribuídas ao *lobby* de sindicatos, somado ao de organizações de direitos humanos no caso da Colômbia. A falha do governo em promover uma profunda reforma na questão da imigração pode, em boa medida, ser atribuída à dificuldade em obter apoio no Congresso para a reforma da saúde, o que só ocorreu em março de 2010, e pela crença de que a ênfase na questão da imigração prejudicaria as chances de se formar uma coalizão para aprovar as reformas prioritárias.

O *lobby* de setores agrícolas do meio oeste americano é em boa medida responsável pela continuidade dos subsídios ao etanol à base de milho e pelas tarifas impostas ao etanol brasileiro. A forma com que Washington lidou com a questão do acordo militar com a Colômbia reflete, ao menos em parte, a falta de coordenação entre o continuísmo no Pentágono e as incertas transições dentro do Departamento de Estado, cuja divisão para assuntos hemisféricos ficou desprovida de uma liderança por alguns meses, por causa do veto do Senado às nomeações de Arturo Valenzuela e Thomas Shannon. A posição ambígua no caso de Honduras foi influenciada pelo *lobby* anti-Zelaya, que usou a questão para enfraquecer Chávez e desafiar Obama. Todos esses exemplos ressaltam a dificuldade enfrentada pelo governo Obama em implantar suas políticas para as Américas, mas esses obstáculos não são necessariamente permanentes ou irreversíveis se o governo souber pôr em prática uma estratégia bem-elaborada para a região.

Mesmo as mudanças discretas não devem ser menosprezadas. O fato de o governo Obama não esperar uma mudança de regime em Cuba para tentar melhorar as relações com o país é bastante significativo, ainda que a boa vontade não seja recíproca. O comprometimento do governo Obama em facilitar o acesso à cidadania aos imigrantes ilegais que tenham trabalhado nos EUA por tempo significativo e não tenham cometido nenhum crime pode ter um impacto bastante positivo. Além disso, o aumento da cooperação com o México em questões de fronteira, de problemas sociais, de saúde e questões legais pode transformar positivamente esta relação crucial.

Ainda que as diferenças de perspectiva entre o Brasil e os EUA tenham se tornado evidentes na questão de Honduras, das bases colombianas, em questões de comércio e na questão do Irã, muitas destas divergências são esperadas, dada a diferença de interesses entre esses países e as exigências contraditórias de suas políticas internas. A parceria entre Brasil e os Estados Unidos pode se tornar muito mais significativa durante o governo Obama em vários setores importantes, como comércio, mudanças climáticas, proteção ambiental, propriedade intelectual e reforma da governança global (Casas-Zamora, 2009; Sabatini e Marczak, 2010).

Olhando adiante

O futuro das relações entre os Estados Unidos e a América Latina durante o governo Obama ainda é incerto, e será influenciado tanto por questões internas, como segurança e taxas de juros estipuladas pela Reserva Federal, quanto pela forma com que os EUA lidarão com a China e o Irã. Em boa medida, essas relações dependerão da recuperação da economia americana. Uma nova recessão ou uma prolongada demora na recuperação e a consequente perda de confiança no governo limitariam muito o que este poderia fazer com relação a questões de imigração, comércio e combate ao narcotráfico. Se o presidente Obama e seu partido conseguirem se aproveitar da aprovação da lei de reforma da saúde para reverter a queda de apoio da opinião pública, terão mais capacidade de realizar uma série de outras reformas importantes.

É provável que a expectativa inicial de uma nova era de cooperação interamericana seja frustrada pelas muitas pressões sofridas pelo governo Obama, especialmente se a situação econômica se deteriorar e o capital político do governo reduzir-se ainda mais. Mas também é possível que o governo Obama resolva articular de fato e perseguir os objetivos declarados nos primeiros meses: cooperar em desafios e oportunidades transnacionais; fortalecer as relações com o México e o Caribe e elaborar uma parceria estratégica com o Brasil em questões dentro e fora das Américas; buscar com cautela uma relação mais pragmática com Cuba em temas de interesse mútuo sem contrariar as preocupações americanas sobre direitos humanos; e buscar fortalecer a democracia na região.

Se o governo Obama conseguir recuperar apoio político e se a economia americana se estabilizar, os objetivos inicialmente apresentados poderão ser alcançados. A abordagem proposta tem o apoio não só da própria equipe de política externa de Obama como também de funcionários de carreira especializados em América Latina e diversos outros grupos. Ao contrário do que ocorreu durante os governos de Kennedy, Carter e Reagan, a política dos EUA para a América Latina durante a gestão Obama não deve ser motivo de conflito entre os funcionários indicados e os de carreira que lidam com a região. Por mais que grupos de interesse continuem a pressionar por seus objetivos, a maioria dos grupos mais importantes concorda com a abordagem proposta pela equipe de Obama, que reflete a visão de mundo do próprio presidente.

Além disso, as eleições de 2008 enfraqueceram alguns dos setores que tradicionalmente influenciavam a política americana para a região. O grupo de imigrantes cubanos na Flórida que defende uma postura mais dura para com a ilha perdeu influência. O peso político de descendentes de cubanos nascidos e criados nos EUA e de latinos com raízes em outros países tem aumentado, e estes em geral apoiam as propostas do governo Obama (Lowenthal, 2010; Spektor, 2010). O clamor dos sindicatos por mais protecionismo é enfraquecido pela necessidade urgente que o país tem de aumentar as exportações para revitalizar sua economia. Assim, o governo Obama pode vir a ter maior margem de atuação do que os anteriores.

Além disso, mesmo os governos da região que adotaram posturas diferentes em relação a Honduras e as bases da Colômbia poderão buscar uma maior cooperação com os EUA. Ministros das Relações Exteriores e da Economia e líderes do setor privado entendem que as chances de uma relação de soma positiva com os Estados Unidos são maiores com o governo Obama do que em muitos anos, e que os sinais de interesse recíproco em uma cooperação mais profunda podem ser temporários. Tais sinais podem ser ainda mais frequentes no contexto das crescentes dificuldades internas de Chávez, que poderiam reduzir a pressão exercida sobre vários países manterem distância de Washington. Iniciativas de aproximação com os Estados Unidos da parte de governos da América Latina, em especial do Brasil, ajudariam a consolidar a estratégia de Obama (National poll, 2009; The Latino Electorate, 2009).

Melhorando as políticas dos EUA nas Américas: a oportunidade de Obama

Os terremotos catastróficos que atingiram o Haiti em janeiro de 2010 e o Chile em fevereiro serviram para lembrar que as agendas de política externa devem com frequência responder ao inesperado. O governo Obama logo demonstrou solidariedade, enfatizando a cooperação multilateral no lugar da interferência ou da imposição. No Haiti, o governo Obama cooperou com Cuba e com a Venezuela, além de outros países, e forneceu ajuda de forma rápida e eficaz, ao mesmo tempo que deixou a liderança da operação para as Nações Unidas.

As viagens de Hillary Clinton para Uruguai, Argentina, Chile, Brasil, Guatemala e Costa Rica entre o final de fevereiro e o início de março de março de 2010 e a viagem para o México no final deste mês, acompanhada por funcionários do alto escalão, assim como os encontros entre Obama, o presidente Mauricio Funes de El Salvador e o presidente Préval do Haiti em março, contribuíram para que o governo Obama retomasse a aproximação com a América Latina logo no início de seu segundo ano de mandato.[13] Considerando o número e a natureza dos demais problemas que o governo enfrentava então, essa demonstração de atenção por parte de sua cúpula sugere que o governo Obama ainda busca a oportunidade para melhorar as relações entre os EUA e a América Latina.

Para aproveitar eficazmente a oportunidade, o governo Obama deveria considerar sete recomendações.

Primeiro, aceitar como base para a formulação de políticas a ideia de que, se a região não pode receber um alto nível de atenção por tempo prolongado, o objetivo deve ser dedicar uma atenção eficaz, baseada em conceitos mais bem elaborados e estratégias cuidadosamente concebidas.

Segundo, priorizar a articulação de uma visão positiva e de uma ampla estrutura de políticas e relações nas Américas. A sábia decisão do governo Obama de evitar um projeto por demais ambicioso como o da Aliança para o Progresso e a atenção dedicada aos líderes regionais durante a Cúpula das Américas em Trinidad não deveria impedi-lo de expor com mais detalhes sua visão para as relações com a região: porque a América Latina importa para os EUA; que ideais e interesses são compartilhados pelos países das Américas; e como os Estados Unidos e seus vizinhos podem trabalhar juntos para

[13] A criação da Comunidade de Estados Latino-Americanos e Caribenhos, incluindo todos os países das Américas menos os EUA e o Canadá, poderia permitir aos países dispostos a tentar uma maior cooperação com os Estados Unidos uma aproximação pragmática com um baixo risco político, se diversificarem suas relações.

alcançar objetivos comuns. Os elementos desta visão estiveram implícitos, mas ainda não foram articulados de um modo abrangente e detalhado.

Terceiro, reconhecer que uma ampla parceria pan-americana é menos relevante hoje em dia do que uma série de diferentes parcerias em assuntos específicos. No entanto, deve reforçar aquelas organizações hemisféricas – especialmente a OEA e o BID – que conseguem lidar com certos desafios regionais onde o consenso para a ação já existe. O compromisso assumido pelos EUA e outros países, na reunião anual em Cancun, em março de 2010, de uma expansão significativa dos recursos do BID é um passo na direção certa, principalmente após a crise financeira internacional ter limitado o acesso ao crédito privado e tornado o banco novamente muito relevante.

Quarto, reconhecer explicitamente que as relações dos EUA com o México são diferentes daquelas com qualquer outro país. As questões específicas que surgem da crescente integração entre as duas sociedades e economias requerem novos conceitos, políticas, formas de interação, normas e instituições. Elaborá-las deve ser uma prioridade estratégica explícita.

Quinto, convidar o México e o Canadá para se juntarem aos EUA num engajamento positivo de longo prazo com os países da América Central e do Caribe, com os quais os três países da América do Norte mantêm fortes laços demográficos e econômicos, assim como preocupações compartilhadas em questões de segurança, saúde pública, meio ambiente e humanitárias. Neste contexto, é de suma importância a retomada do diálogo com Cuba.

Sexto, trabalhar para construir sinergia com o Brasil para fortalecer os regimes globais de comércio, finanças e investimento; responder à mudança climática; prevenir e conter epidemias globais; conter a proliferação nuclear e fortalecer os arranjos da governança internacional.

Sétimo, intensificar a cooperação com todos os países das Américas nas respostas aos desafios comuns, onde os Estados Unidos têm muito que aprender, assim como ensinar, e muito que se beneficiar da cooperação, assim como contribuir:

- restabelecer o crescimento econômico sustentável, fluxos de crédito e investimento e um comércio mais abrangente, assegurando que os frutos da recuperação econômica sejam compartilhados de modo mais amplo e igualitário;
- expandir as oportunidades de emprego, especialmente para os jovens, fortalecendo a qualidade e melhorando o acesso à educação em todos os níveis, facilitando assim uma maior participação destes na economia global do conhecimento;
- fortalecer as instituições e práticas para resistir e frear a violência e a corrupção do tráfico de drogas e do crime organizado;
- aumentar a segurança dos cidadãos, enfatizando o que se pode aprender com as experiências de toda a região sobre as interseções entre segurança e prosperidade econômica, igualdade social, participação política, policiamento comunitário, reforma penal e judiciária;
- apoiar as instituições de governança democrática, de maneira que possam incorporar um vasto número de novos participantes com características especiais de identidade, etnia, cultura e ressentimentos.

Barack Obama assumiu a presidência dos Estados Unidos num momento crítico para seu país, as Américas e o mundo. Nas Américas, o governo Obama encontra menos uma séria ameaça do que uma oportunidade excepcional. Há chances reais de progresso em diversas questões, desde que os EUA desenvolvam, articulem e persigam uma estratégia proativa e integrada, em vez de ignorar uma região que é cada vez mais crucial para o futuro dos Estados Unidos, ou simplesmente reagir às questões uma por vez quando surgirem. Essa é a essência da oportunidade de Obama nas Américas. Não é tarde para aproveitá-la.

Capítulo 2

México e Estados Unidos: em busca de uma visão estratégica

Carlos Heredia e Andrés Rozental

Como ocorre a cada vez que um novo presidente é eleito nos EUA, as expectativas da maior parte dos mexicanos se elevaram muito com a eleição de Barack Obama em novembro de 2008, mesmo que ele não tivesse se preocupado com o México durante sua campanha eleitoral e jamais tivesse pisado em território mexicano. Esperavam que o novo mandatário não abusasse de seu poder, colocando-se acima dos acordos bilaterais e mesmo do direito internacional, como foi comum na gestão de George W. Bush.

Durante sua campanha eleitoral, Obama fez três promessas orientadas a fatores políticos internos, mas que tinham relação com o México: 1) enviar ao Congresso uma proposta de reforma migratória integral; 2) revisar o Tratado de Livre Comércio de América do Norte (Nafta), para que o pacto comercial beneficiasse também os trabalhadores e não só as grandes empresas; e 3) melhorar a cooperação na fronteira. A visita de Obama à Cidade do México nos dias 16 e 17 de abril de

2009 serviu para reafirmar a interdependência entre os dois países, mas também representou uma mudança de discurso, ancorado agora na "responsabilidade compartilhada", o que inspirou esperanças de um novo tom na relação bilateral.

A breve lua de mel de Obama

Chegar à Casa Branca não é o mesmo que deter todo o poder. A fragmentada autoridade do Executivo e as divergências na opinião pública sobre praticamente qualquer tema, que se refletem na polarização do Congresso, tornam a tomada de iniciativas e seu desfecho um esforço enorme, como mostrou a questão da reforma do sistema de saúde. Assim, o entusiasmo mexicano com a vitória de Obama foi paulatinamente dando lugar à cautela diante da complexa realidade que cedo ou tarde se impõe.

Além disso, como resultado de eventos desconexos, mas que tocavam dois eixos importantes para a relação bilateral – a economia e a segurança –, surgia outro tipo de mudança nas relações México-Estados Unidos. Na noite do dia 15 de setembro de 2008, durante a comemoração das festas pátrias na cidade de Morelia, oito pessoas morreram ao serem atingidas por fragmentos de granadas, fato que foi visto como um primeiro ataque direto do narcotráfico contra a população civil. A partir deste fato aumentou o clamor por uma revisão da estratégia utilizada pelo presidente Calderón contra os narcotraficantes, de uma ênfase no combate militar ao crime organizado, que tinha o aval dos EUA, para uma estratégia que enfatizasse a proteção dos cidadãos.

Na mesma data, outro evento ajudaria a mudar a relação entre os dois países: a quebra do famoso banco de investimentos

Lehman Brothers, em Wall Street, originando a maior crise financeira desde a Grande Depressão.

Outra vez o México ficaria às margens. Sete anos antes, após o 11 de setembro de 2001, a relação bilateral se tornou monotemática, dados os imperativos da estratégia antiterrorista. Desde o outono de 2008 ficou claro que a atenção da Casa Branca e do Capitólio estaria focada no âmbito interno, na crise financeira e na reforma do sistema de saúde. Ainda assim, em nível internacional, Washington teria de se ocupar com as guerras no Iraque e no Afeganistão, com a perigosa volatilidade no Paquistão, com a complexa situação no Oriente Médio e com o desafio à liderança global estadunidense pela República Popular da China. O presidente dos Estados Unidos e seu governo tinham suficientes assuntos em sua agenda para se preocupar com seu vizinho ao sul.

Temas e atores na relação bilateral: rumo a uma responsabilidade compartilhada?

Com o combate ao crime organizado e a segurança na fronteira como eixos na relação bilateral, o México teve cada vez mais como interlocutores os departamentos de Defesa e de Segurança Interna dos Estados Unidos. O papel do Departamento de Estado tem sido o de facilitar os contatos entre estes departamentos e seus equivalentes mexicanos, mais que articular uma visão integral da relação bilateral ou uma nova narrativa de construção de uma América do Norte unida.

No dia 18 de março de 2010, o presidente Calderón anunciou que visitaria os EUA nos dias 19 e 20 de maio; ou seja, três anos após tomar posse, enquanto nos últimos 50 anos todos os presidentes mexicanos fizeram tal visita no primeiro ano de governo. Talvez sem dizê-lo, a ausência do presidente mexicano em Potomac tenha a ver com a progressiva deterioração da imagem do país nos meios de comunicação estadunidenses. O editorialista Jesús Silva-Herzog Márquez (2009) o formula em suas próprias palavras:

> atrás da gala diplomática do governo mexicano, não há voz, nem ideias, nem sequer vontade. Há louças, roupas e cristais: uma diplomacia de brindes. A insegurança no México ultrapassa as fronteiras do país. O presidente Calderón tropeça com o velho discurso da "campanha contra o México" ao se referir ao lugar do México na opinião política dos Estados Unidos. O presidente se equivoca no diagnóstico e, pior ainda, na estratégia. O México não tem um simples problema de imagem... Seu problema interno é real, profundo e complexo. Na hora que vivemos, a ausência de uma política exterior criativa é particularmente grave. A diplomacia dos brindes não pode ser substituída pela diplomacia do lamento nacionalista. É urgente uma diplomacia lúcida e audaz que comprometa o vizinho na solução de um problema comum. Que os Estados Unidos se preocupem com nossa violência poderia ser, nessa perspectiva, um sinal animador. Seria, se houvesse lucidez em nossa política externa.

As reuniões bilaterais de alto nível, o conhecimento mútuo entre as respectivas agências governamentais e as oportunidades de se compartilhar inteligência, e a proximidade do embaixador do México com o presidente dos Estados Unidos aumentaram bastante, segundo funcionários de ambos os países. Porém, isso não tem resultado em uma relação bilateral mais frutífera, porque o México carece de uma visão estratégica sobre o que quer de Washington, e porque Washington se preocupa com o México só quando este pode converter-se em risco à própria segurança americana, e não para articular uma visão conjunta do futuro da relação bilateral e da integração regional.

A Iniciativa Mérida

A opinião pública mexicana se mostra mais aberta à cooperação bilateral no combate ao narcotráfico. Em uma pesquisa realizada em 2008, 49% do público mexicano entrevistado disseram estar dispostos a permitir que agentes estadunidenses colaborassem com autoridades mexicanas na vigilância de fronteiras, portos e aeroportos do país, a fim de combater o narcotráfico. Na mesma linha pragmática, 55% do público e 70% das elites se declararam a favor de receber ajuda financeira dos Estados Unidos para combater o narcotráfico e o crime organizado.[1]

Em 2007 os governos dos Estados Unidos e do México lançaram a Iniciativa Mérida, um programa de cooperação de combate ao crime organizado, que inclui também alguns países da América Central e do Caribe. O Congresso dos Estados Unidos aprovou o uso de US$ 1,351 bilhão durante três anos a partir de 2009, destinados a fornecer helicópteros para as Forças Armadas e a polícia federal do México, equipamentos de alta tecnologia para segurança em portos e aeroportos, redes de intercomunicação entre agências de inteligência e capacitação em inteligência financeira e direitos humanos. Não inclui armas de fogo nem dinheiro; destina US$ 74 milhões ao

[1] Ver a pesquisa "México e o mundo: opinião pública e política exterior", realizada pelo Centro de Investigação e Docência Econômicas (Cide) do México, DF. Disponível em: <www.mexicoyelmundo.cide.edu>.

combate ao tráfico ilegal de armas de fogo dos Estados Unidos ao México, ainda que não fique claro como se implementaria tal sistema.

Idealmente, a Iniciativa Mérida deveria comprometer ambos os vizinhos com a solução de um problema comum. Porém, enquanto os EUA definem a iniciativa como "ajuda", "assistência" ou "apoio", os mexicanos gostariam que ela fosse descrita como "cooperação" ou "iniciativa conjunta".

A diferença na linguagem utilizada não é meramente semântica. Neste sentido, o uso das Forças Armadas pelo presidente Calderón na chamada "guerra" contra o crime organizado traz pelo menos três complicações: a) as Forças Armadas mexicanas não estão acostumadas a estar sujeitas ao escrutínio público por parte de jornalistas e organizações civis mexicanas e internacionais; b) os soldados não estão treinados para realizar tarefas que habitualmente correspondem às polícias; c) os militares temem eventuais acusações de violações de direitos humanos e ordens de prisão por parte de autoridades judiciais. O Congresso mexicano tem sido omisso em aprovar as reformas na Lei de Segurança Nacional que dariam sustentação jurídica a esta intervenção das Forças Armadas.

O Departamento de Estado dos EUA argumenta que deve apresentar um informe detalhado sobre o impacto da Iniciativa Mérida sobre os direitos humanos no México, para facilitar a aprovação do Congresso para futuras entregas de recursos ao governo do México. Por sua vez, os mexicanos argumentam que, se efetivamente se trata de um programa de cooperação, o mínimo que poderia ser esperado é que haja reciprocidade e que as autoridades estadunidenses deixem de usar como pretexto a Segunda Emenda à Constituição política de seu país – que protege o direito à posse e porte de armas

– e cooperem no rastreamento das armas que vão parar nas mãos dos narcotraficantes e do crime organizado mexicano, cujo poder de fogo supera em muito o das polícias locais.

Durante a reunião de avaliação da Iniciativa Mérida, em 23 de março de 2010, ambos os países reconheceram que não podem ganhar a batalha contra o crime organizado individualmente, e ampliaram a Iniciativa Mérida a questões como educação, saúde e desenvolvimento econômico e social nas zonas mais castigadas pela violência do narcotráfico. O que não se diz com igual fervor é que pouco ou nada foi feito do lado estadunidense para reduzir a demanda de drogas, desmontar as organizações de distribuição, ou mudar a legislação sobre a questão. Muitos mexicanos se perguntam se corresponde a seu país arcar com a batalha e suas vítimas enquanto o responsável pela demanda se limita a discursos de alívio e a um raquítico programa de cooperação financeira e material.

A necessária reforma migratória

Outro tema que constitui um foco de divergências é o fluxo de trabalhadores mexicanos aos Estados Unidos. O México insiste que os Estados Unidos deveriam reconhecer e assumir que necessitam da mão de obra mexicana e que esta representa um aporte fundamental à prosperidade e à competitividade dos Estados Unidos em setores como a agricultura, a indústria de construção, entre outras atividades. A própria Direção de Estatísticas do Trabalho[2] mostra que 100% do crescimento da força de trabalho dos Estados Unidos entre os anos 2010 e 2030 virão de imigrantes.

[2] Em inglês, Bureau of Labor Statistics, dependência do Departamento do Trabalho (DOL).

Durante sua campanha eleitoral, o então candidato Barack Obama disse em repetidas ocasiões que o sistema migratório estadunidense estava "quebrado" e que era notoriamente "disfuncional", e se comprometeu junto às organizações hispânicas e latinas a repará-lo. A promessa de Obama teve resultados eleitorais palpáveis: 67% dos eleitores latinos ou hispanos – ou seja, os novos americanos de origem latino-americana – votaram em Obama em 2008, enquanto só 57% votaram em John Kerry em 2004. A percepção prevalecente entre numerosos dirigentes de organizações migrantes é que de fato a sociedade estadunidense lhes diz algo como: "precisamos de vocês, mas não os queremos".[3]

Para o *establishment* político estadunidense, qualquer iniciativa de reforma migratória que se submeta ao Congresso deve cumprir ao menos quatro requisitos: 1) o controle de fronteiras e pontos de entrada nos Estados Unidos, assim como as sanções a empregadores que contratem imigrantes sem documentos; 2) a regularização dos trabalhadores sem documento que já se encontram nos Estados Unidos, uma vez que aceitem pagar uma multa e esperar sua vez atrás dos que vêm aguardando seus vistos de acordo com os procedimentos legais; 3) o estabelecimento de uma forma para que os trabalhadores regularizados tivessem a opção de converter-se em residentes permanentes e, posteriormente, em cidadãos dos Estados Unidos; e 4) a definição de um esquema para regular os fluxos futuros de trabalhadores, sob o mecanismo de trabalhadores hóspedes ou de trabalhadores temporais.

No final do primeiro trimestre de 2010, o presidente Obama reafirmou seu compromisso com uma reforma na maté-

[3] Conversação de Carlos Heredia com Oscar Chacón, dirigente da Alianza Nacional de Comunidades Latinoamericanas e Caribeñas (Nalacc), na Cidade do México, em 10 de março de 2010.

ria, mas ainda não a enviou ao Congresso. Seu conteúdo está sendo elaborado de forma conjunta pelo senador democrata por Nova York, Charles Schumer, e a senadora republicana pela Carolina do Sul, Lindsey Graham. De maneira paralela, o representante democrata pelo quarto distrito de Illinois, com sede na cidade de Chicago, o porto-riquenho Luis Gutiérrez, enviou à Câmara de Representantes, em dezembro de 2009, a chamada "Iniciativa de Reforma Integral da Migração pela Segurança e pela Prosperidade dos Estados Unidos 2009" (CIR-Asap, na sigla em inglês), que se converteria na H.R. 4.321,[4] cujo texto, segundo o *New York Times*, "contém os elementos corretos para uma reforma integral" (Reform on ice, 2010).

Em uma marcha realizada em Washington no dia 21 de março de 2010, imigrantes latino-americanos defenderam que as mudanças nas leis migratórias deveriam refletir o valor das comunidades imigrantes para os Estados Unidos e reconhecer o grau de integração econômica, política e social que alcançaram. Argumentaram ainda que a proposta dos senadores Schumer e Graham continua considerando os migrantes um fardo para os Estados Unidos, enquanto a proposta de Gutiérrez corresponderia às mudanças que as comunidades imigrantes merecem e o país necessita.[5]

Enquanto não ocorria a prometida reforma, seguiu a construção de mais de 600 milhas de novos trechos de um muro físico e virtual na fronteira entre México e Estados Unidos, a um custo que, desde 2005, excede os US$ 2,4 bilhões, e cuja

---

[4] House Resolution nº 4.321, o H.R. 4.321, ou seja, Resolução nº 4.321 da Câmara de Representantes do Congresso dos Estados Unidos.

[5] Comunicado de imprensa da Alianza Nacional de Comunidades Latinoamericanas e Caribeñas (Nalacc). Disponível em: <www.nalacc.org>.

manutenção poderia triplicar essa quantia. A própria Oficina de Responsabilidade Governamental (GAO) do Congresso mostrou que as autoridades estadunidenses não sabem se o muro tem contribuído para conter a imigração ilegal (Word, 2009). As deportações continuam, colocando os trabalhadores imigrantes como uma subclasse nas sombras. O jornal *New York Times* o descreve eloquentemente: "O que tem ocorrido durante a infinita espera para que chegue a reforma migratória é muito feio... a Patrulha Fronteiriça (BP), a Agência de Controle Aduaneiro e Migratório (ICE) e as agências locais têm realizado uma epidemia de discriminação racial e de prisões desnecessárias" (Reform on ice, 2010). Apesar de numerosos acadêmicos, analistas e observadores considerarem a migração um assunto que é uma combinação de fatores internacionais e elementos domésticos, nos Estados Unidos continuam considerando-a um assunto interno, não negociável com governos de outros países.

Em todo caso, se Washington aumentasse o número de vistos concedidos aos trabalhadores mexicanos, não está claro o que o governo do México ofereceria em troca. A Constituição mexicana consagra o direito à liberdade de trânsito pelo território nacional, mas segue estipulando que "o exercício deste direito estará subordinado às faculdades da autoridade administrativa no que diz respeito às limitações que imponham as leis sobre emigração e imigração [...]".[6] Aplicando esta disposição, as autoridades mexicanas exigiriam aos viajantes por terra os mesmos requisitos que aos viajantes por ar. Se o México quer um eventual acordo migratório com os Estados Unidos, o ponto de partida seria que os Estados Unidos sejam consistentes na aplicação de sua própria legislação.

[6] Art. 11 da Constituição Política dos Estados Unidos Mexicanos.

Responsabilidades compartilhadas na fronteira

Talvez em nenhuma outra fronteira no mundo se vejam tantos contrastes quanto os existentes ao longo dos 3.141 quilômetros da divisa entre o México e os Estados Unidos, de Tijuana/San Diego até Matamoros/Brownsville. Ali se entrelaçam uma sociedade rica em capital e tecnologicamente avançada, com um país cuja principal exportação continua a ser a mão de obra de seus próprios cidadãos. Com o apoio do Conselho Mexicano de Assuntos Internacionais (Comexi) e do Pacific Council on International Policy, da Califórnia, um grupo de 30 especialistas elaborou um diagnóstico comum e formulou propostas compartilhadas baseadas no conceito de soluções conjuntas a problemas comuns.[7]

As recomendações em questão de segurança apontam para a reestruturação das agências mexicanas encarregadas do controle da fronteira, para criar autoridades semelhantes às estadunidenses. No tema de facilitação de trânsito e comércio fronteiriço, propõe-se o fomento de investimentos em associações público-privadas para o desenvolvimento da infraestrutura das fronteiras. No âmbito do desenvolvimento econômico local, a reestruturação do Banco de Desenvolvimento de América do Norte e o apoio a esforços para melhorar a educação nas comunidades fronteiriças. Propõe-se também dar à Comissão Internacional de Limites e Águas (Cila) atribuições para o controle integral de todas as águas superficiais e subterrâneas e educar a população sobre seu uso. Em matéria ambiental, harmonizar os padrões regulatórios na região

[7] Ver o informe intitulado "Uma nova visão da fronteira México-Estados Unidos: soluções conjuntas a problemas comuns", dado a conhecer em 13 de outubro de 2009. Pode ser consultado em espanhol e em inglês em: <www.consejomexicano.org>.

fronteiriça. Com o fim de enfrentar a migração não autorizada, propõe-se uma reforma migratória integral nos Estados Unidos e a realização de um esforço multidimensional para fomentar o desenvolvimento econômico amplo e sustentado do México. Ambos os governos se comprometeram a avaliar tanto a pertinência quanto a plausibilidade de instrumentar estas recomendações.

A cooperação no âmbito multilateral: Bric se escreve sem M

Quinze anos após o Nafta ter entrado em vigor, a mudança do centro de gravidade da economia mundial para o Pacífico e os surgimentos de novos atores de peso nas decisões geopolíticas globais tolheram boa parte da hegemonia que os EUA alcançaram após a queda do muro de Berlim.

No tema fundamental da crise financeira global, os Estados Unidos são por vez os culpados e a esperança de uma breve reativação do consumo e do crescimento econômico no mundo inteiro. Porém, na distribuição do poder mundial, China, Índia, Rússia e Brasil (os chamados Brics) dão amostras cotidianas de uma independência política e até de um distanciamento da política exterior de Washington. A política exterior tímida e sem foco do governo atual não tem favorecido a participação do México no grupo de potências emergentes.

Em anos recentes, o México ocupou um assento no Conselho de Segurança da Organização das Nações Unidas (ONU) durante 2002/2003 e 2009/2010. No debate político interno, segue o confronto entre duas posições: a dos que defendem que o México deve fazer o possível para formar parte das potências médias e a dos que veem em tal conduta potenciais conflitos com Washington nos foros mundiais.

No momento de escrever estas linhas, a questão das sanções ao Irã representa outro tema crítico e polarizante no âmbito da ONU para o governo estadunidense. Assim como na questão sobre a invasão do Iraque, outros membros permanentes e não permanentes do Conselho de Segurança diferem da posição dos Estados Unidos, e o México deverá ter uma posição sobre um tema potencialmente conflituoso com Washington.

A partir do surgimento do G-5 (Brasil, China, Índia, México e África do Sul) como interlocutor do G-8 na reunião de 2007 em Heiligendamm, na Alemanha, o México prefere adotar posições afins aos demais membros do seu grupo. No G-20 convocado em 2009 pelo presidente Obama para ampliar o debate e a busca de soluções para a crise financeira mundial, é o Brasil e não o México que tem um papel superior entre os países latino-americanos; enquanto o México tem tido uma participação discreta no Foro de Cooperação Econômica Ásia-Pacífico (Apec).

Em fevereiro de 2010, o México levou a cabo uma reunião de líderes da América Latina e Caribe com o fim de criar um novo mecanismo de acordo e unidade entre as nações do continente, mas sem a participação dos Estados Unidos nem do Canadá. Esta iniciativa busca reverter a frágil relação do México com Cuba, Venezuela, Bolívia e outros governos da região, que propõe isolar Washington do jogo regional e debilitar ainda mais a Organização dos Estados Americanos (OEA). Pensamos que o México deve articular claramente seus interesses e seus objetivos estratégicos, para buscar uma inserção inteligente e versátil no cenário global de maneira consistente com tais interesses e objetivos.

O processo de integração na América do Norte: sem perspectivas e sem *constituencies*

No México, o Nafta proporcionou um aumento significativo do investimento direto estrangeiro e do volume de intercâmbio com Estados Unidos e Canadá. Porém, muitos mexicanos viram o pacto comercial como um ponto de chegada, marcando uma relação estreita com os Estados Unidos e o acesso a seu mercado, e não como um ponto de partida que permitiria potencializar as forças e compensar as fraquezas da economia mexicana.

Durante os 15 anos de vigência do Nafta, o crescimento médio do produto interno bruto *per capita* no México por pouco superou 1%, muito aquém do necessário para gerar os empregos necessários para absorver o crescimento da força de trabalho. Como mostram vários autores, a lição a ser aprendida pelo México é que o incremento no intercâmbio comercial e no investimento estrangeiro por si só não gera um desenvolvimento econômico dinâmico (Gallagher, Peters e Wise, 2009). O baixo crescimento tem a ver com problemas estruturais como a rigidez fiscal, o reduzido investimento em infraestrutura, um sistema educativo anacrônico e ineficaz e a forte presença de práticas monopolistas em mercados como televisão aberta e paga, telefonia fixa e móvel, refrescos, cimento, entre outros.

No entanto, o motor da integração deveria ser a indústria manufatureira, cujo desempenho tem piorado desde 2001. A economia mexicana está hoje intimamente vinculada ao ciclo da indústria manufatureira estadunidense; como os Estados Unidos absorvem mais de 80% das exportações mexicanas, qualquer contração na produção industrial estadunidense afeta de maneira direta e imediata a economia mexicana. Assim, em vez de consolidar cadeias produtivas regionais e se transformar em uma plataforma produtiva da região norte-americana, o México se tornou um importador de produtos asiáticos; mantém um superávit comercial com os Estados Unidos e um crescente déficit comercial com o resto do mundo, principalmente com a China e outros países da Ásia oriental.

A América do Norte não tem hoje um líder que a promova, que proponha um perfil entusiasta para seu futuro. A opinião pública nos três países segue pensando que o Nafta trouxe mais benefícios aos vizinhos e não vê com bons olhos um aprofundamento da integração econômica trilateral; neste sentido, a tendência prevalecente no Canadá e no México tem sido buscar a consolidação de suas respectivas relações bilaterais com os Estados Unidos, mais que avançar a integração dos três.

O presidente Obama não retomou as críticas que fez ao Nafta quando candidato. Porém, seu representante comercial, Ron Kirk, anunciou que a administração negociará a associação Trans-Pacífico (TPP), como modelo do que deveria ser "um novo tipo de tratado comercial para o século XXI", que deveria "servir como um modelo para o futuro do comércio exterior dos Estados Unidos", cujo enfoque é fortalecer a proteção e a conservação ambiental, a transparência, os direitos laborais e o desenvolvimento. Em marcado contraste, o Nafta foi concebido para outra época e resulta totalmente alheio aos princípios de um tratado moderno.[8]

As perspectivas: uma política norte-americana para o desenvolvimento mexicano

O tema mais importante para a América do Norte e para a relação bilateral do México com seus sócios comerciais per-

[8] Ver <www.ustr.gov/webfm_send/1559>. Acesso em: 5 abr. 2010.

manece sendo a redução da desigualdade entre as rendas de, por um lado, Canadá e Estados Unidos, que ultrapassam os US$ 40 mil por habitante por ano e, por outro, o México, que apenas passa os US$ 9 mil.

O México tem uma população relativamente mais jovem que a dos Estados Unidos, uma força de trabalho altamente qualificada para a produção manufatureira e conta com uma posição geográfica invejável que o converte em uma plataforma logística ideal. Por sua vez, os Estados Unidos contam com ativos decisivos na economia moderna baseada no conhecimento: na constante inovação tecnológica, numa ampla gama de serviços financeiros, assim como no mercado mais vigoroso do mundo. Ambas as economias deveriam combinar forças para construir uma nova plataforma de produção manufatureira e formar um mercado laboral regional.

Os três líderes norte-americanos – o primeiro-ministro Stephen Harper, o presidente Barack Obama e o presidente Felipe Calderón – deveriam, num esforço conjunto, analisar as tendências de integração econômica, a demografia e a educação da força de trabalho na região, como plataforma para construir juntos um futuro comum aproveitando as sinergias e complementaridades das três economias. Devem propiciar quanto antes possível um movimento seguro e eficiente de pessoas, mercadorias e informação dentro dos três países, que torne a região norte-americana mais competitiva diante de outras regiões e outros mercados integrados.

Mexicanos nos Estados Unidos

Nos Estados Unidos vivem 45 milhões de hispânicos, dos quais 31 milhões são de origem mexicana; entre estes, 19 milhões são nascidos lá e 12 milhões são nascidos no México. Nosso país tem 11% de sua população vivendo nos Estados Unidos. Em teoria, os melhores aliados da causa do México nos Estados Unidos são os mexicano-americanos; porém, com razão eles resistem a serem usados como meras correntes de transmissão da agenda do governo mexicano nos Estados Unidos. "Agora acontece que o país que me obrigou a emigrar começa a exigir coisas de mim", diz Antonia Hernández, uma destacada ex-dirigente do Fundo México-Americano para a Defesa Legal e a Educação (Maldef).

> Temos lealdades com nossa família, temos orgulho da história, da cultura, da música, da comida do México, que também é a nossa; mas não podem nos exigir lealdade para seus governos ou seus partidos políticos, porque eles pouco têm feito para criar condições de vida melhores para seu próprio povo.[9]

A revista *The Economist* considera que "o melhor para os mexicanos é permaneceram calados e não se intrometerem" (Gently, 2009) no processo político estadunidense; no mesmo sentido, o governo mexicano instrui seus funcionários e diplomatas a se absterem de comentar o processo legislativo no país vizinho. Pelo contrário, altos funcionários do governo americano têm dito em diferentes ocasiões que os mexicanos são bem-vindos nos Estados Unidos para defenderem os pontos de vista do México, o que para eles seria não só conveniente como necessário, dada a grande ignorância sobre o México nos Estados Unidos.

Pensamos que nós mexicanos podemos e precisamos articular nos Estados Unidos uma visão inteligente e fundamentada do

---

[9] Conversa de Carlos Heredia com Antonia Hernández em fevereiro de 2009.

futuro da integração entre nossas duas sociedades. Não fazê-lo seria simplesmente aceitar passivamente as teses elaboradas por círculos racistas e xenófobos.

Preparando o futuro

Apresentamos algumas pautas para traduzir a responsabilidade compartilhada em acordos específicos entre Estados Unidos e México para o benefício comum:

1. O México pode e deve se converter em uma plataforma produtiva manufatureira e um centro logístico de distribuição que conecte o norte com o sul do hemisfério e o Oriente com o Ocidente. Sua posição geográfica é privilegiada para ser a coluna vertebral de um sistema de transporte interoceânico, fator que reconhece o chamado Supercorredor de Transporte e de Comércio da América do Norte,[10] e que a Secretaria de Comunicações e Transportes do México deve promover como objetivo estratégico.

2. A questão migratória é por definição bilateral. Os Estados Unidos precisam de trabalhadores mexicanos, mas não o reconhecem. O México expulsa migrantes e os considera população excedente ou residual. O Congresso mexicano deve ter em conta que qualquer reforma das leis migratórias dos Estados Unidos implica um *quid pro quo* com o México, pois requer pôr em prática medidas no território mexicano; assim, nosso país precisa reformar suas próprias leis migratórias para ser minimamente consistente com o que pede no exte-

[10] O Supercorredor de Transporte e Comércio da América do Norte deverá integrar a região média da América do Norte, desde o porto Lázaro Cárdenas, Michoacán, a porta da borda da Ásia-Pacífico, até a cidade de Winnipeg no centro da rodovia transcanadense, passando por Kansas City, Missouri, no coração geográfico dos Estados Unidos. Ver <www.nasco.com>.

rior e o trato que aplica aos migrantes centro-americanos e de outros países em seu trânsito para os Estados Unidos.

3. A fronteira deve ser controlada de maneira coordenada por uma autoridade conjunta formada por oficiais dos dois países. O Departamento de Segurança Interna dos Estados Unidos e a Secretaria de Governo mexicana devem coordenar as tarefas que levarão a instrumentar conjuntamente as decisões sobre a construção de passagens fronteiriças, de outras obras de infraestrutura e da atuação das agências responsáveis pelo cumprimento da lei.

4. Uma melhor relação entre o México e os Estados Unidos passa pelo respeito recíproco, mas acima de tudo por um melhor conhecimento mútuo e pela identificação de interesses em comum. É insólito que a Coreia do Sul, com menos da metade da população do México e a 9,5 mil quilômetros de distância, tenha 60 mil estudantes universitários nos Estados Unidos e no México só 12 mil. Um primeiro passo seria um programa consolidado de bolsas e intercâmbios de grande cobertura pela Secretaria de Educação Pública e a Associação Nacional de Universidades e Instituições de Educação Superior (Anuies) para que estudantes estadunidenses e sobretudo mexicano-americanos venham ao México, e para que um maior número de estudantes mexicanos estudem nos Estados Unidos.

Os Estados Unidos são a única potência econômica que não tem uma política de desenvolvimento com seus países vizinhos de menor renda *per capita*. A União Europeia criou com êxito fundos estruturais para o desenvolvimento regional e fundos de coesão econômica e social na Espanha, Grécia, Irlanda e Portugal, e agora o faz nos países do Leste europeu. O Japão o fez com seus vizinhos do sul e sudeste da Ásia.

O desenvolvimento de uma ampla classe média no México é central para nosso país e coincide com os interesses estratégicos dos Estados Unidos, no sentido de expandir mercados e promover a estabilidade econômica e política ao sul de sua fronteira. O presidente George W. Bush o expressou assim: "Temos de trabalhar com o México para desenvolver uma classe média a longo prazo, de maneira que sua gente possa cumprir suas responsabilidades em casa" (Dow Jones Newswires, 2004). Os governos do México, Estados Unidos e Canadá devem ponderar a proposta de criar um Fundo de Desenvolvimento da América do Norte (Pastor et al., s.d.) com recursos fiscais dos três países, cujo objetivo específico seria proporcionar a convergência no desenvolvimento de suas regiões.

Infelizmente, o recrudescimento da violência em localidades fronteiriças como Ciudad Juárez e Reynosa fez com que o governo dos Estados Unidos emitisse "alertas de viagem", o que reflete o sentimento enraizado nos Estados Unidos de que estes devem se "proteger" do que ocorre no México, sem antes pensar no país vizinho como sócio de negócios ou como aliado estratégico. A pergunta essencial é quanto tempo mais demorarão os Estados Unidos para fechar a fronteira para se isolarem da crescente onda de violência e criminalidade do lado mexicano.

No que diz respeito ao futuro político do presidente Obama, a história nos ensina que os cidadãos perdoam erros e aguentam tempos difíceis enquanto estejam seguros de que o governo está de seu lado, mas em qualquer caso é difícil pensar que o México pudesse ter como interlocutor uma administração mais receptiva que a do presidente Obama, oportunidade que não deve ser desperdiçada.

E, no que diz respeito ao México, nenhum esquema de cooperação internacional pode preencher a ausência de uma política de desenvolvimento nacional que potencialize o papel do Estado e da sociedade na construção da infraestrutura física, social e institucional para o crescimento econômico. A relevância do México, de cara para a maior potência mundial, dependerá de nossa capacidade de arcar com nossas próprias responsabilidades e entender que a chave de um país forte economicamente é a construção de uma ampla e pujante classe média. Isto requer a articulação de uma política de desenvolvimento nacional cujos três ingredientes fundamentais são melhorar a qualidade da educação pública,[11] incentivar a competição econômica[12] e instrumentar uma verdadeira política industrial. Essa seria uma transformação verdadeiramente significativa de nossa realidade e o princípio de uma mudança positiva nas percepções sobre o México, tanto nos Estados Unidos quanto no resto do mundo.

---

[11] Em 19 de fevereiro de 2010, Vernor Muñoz Villalobos, relator especial sobre o Direito à Educação da Organização das Nações Unidas (ONU), disse em seu informe de visita ao México que a Secretaria de Educação Pública (SEP) permanece "subordinada" ao sindicato magisterial, encabeçado por Elba Esther Gordillo, o que representa uma "obstrução" ao avanço educativo no México.

[12] Em 5 de abril de 2010, o presidente Calderón enviou à Câmara dos Deputados uma iniciativa de reforma da Lei Federal de Competição Econômica, que busca dotar de maiores faculdades a Comissão Federal de Competição (Cofeco) para impor sanções às praticas monopolistas.

Capítulo 3

O desafio de Chávez a Obama: um casamento inconveniente ou uma gélida separação

Jennifer McCoy

O engajamento com a Venezuela sob o governo Obama está ocorrendo em um contexto internacional muito diferente daquele que existia durante o período em que Bush ocupou a Casa Branca. Barack Obama tomou posse em meio a uma severa crise financeira e com o preço do petróleo nas alturas, prometendo uma nova era de cooperação com a América Latina. A Venezuela tinha retirado seu embaixador em Washington cinco meses antes, em solidariedade à expulsão pela Bolívia do embaixador americano por suposta interferência em assuntos domésticos daquele país. Na ocasião, os Estados Unidos retaliaram na mesma moeda. Com um parceiro comercial relutante, mas estrategicamente importante, o governo Obama enviou sinais a Chávez de que estava disposto a dialogar. Chávez adotou uma estratégia de esperar para ver, com atitudes que demonstravam uma possibilidade de conciliação. O encontro entre os dois presidentes na conferência presidencial de abril de 2009 em Trinidad e Tobago foi marcado por apertos de mão e palavras conciliatórias. Dois meses depois, os dois países discretamente reconduziram seus embaixadores. Logo, no entanto, a relação entre os dois já se assemelhava aos anos do governo Bush, mais do que a um movimento em direção à reaproximação.

Ideologia, geopolítica e dinâmicas políticas domésticas dos dois lados conduziram às relações voláteis entre os Estados Unidos e a Venezuela durante o governo Chávez. Desde a eleição de 1998, o presidente Hugo Chávez vem tentando criar modelos de política e economia próprios e desafiar o domínio dos Estados Unidos na região e no mundo. Utilizando uma estratégia de confrontação intensa com adversários dentro e fora de seu país, combinada com novas alianças globais e arranjos de integração regional, o governo Chávez busca redistribuir poder e recursos tanto internamente quanto no sistema internacional. Ao mesmo tempo, a dependência mútua entre os Estados Unidos e a Venezuela centrada no comércio de petróleo leva a um relacionamento cheio de contradições e mensagens dúbias. O desafio do governo Obama é administrar este "casamento de conveniência" de uma maneira que proteja os interesses estratégicos dos Estados Unidos, ao mesmo tempo que evite conflitos desnecessários com um líder de personalidade forte.

Entendendo a Venezuela de Chávez

Com a eleição de Chávez em 1998, a Venezuela foi o primeiro país de uma série – ao qual seguiram Bolívia, Equador e Paraguai – a eleger um governo cujo objetivo central era trazer mudanças fundamentais através de "refundações" constitucionais e da inclusão de grupos previamente excluídos da distribuição de poder e recursos. A dinâmica política própria da Venezuela reflete as demandas por transformações radicais expressadas pelos eleitores nas eleições de 1998. A triplicação dos níveis de pobreza entre 1970 e 1990 produziu sérios conflitos sociais, bem como a rejeição das elites políticas tradicionais, o que por sua vez levou ao colapso gradual do que chegou a ser considerado o mais forte sistema de partidos da região. A refundação constitucional prometida por Hugo Chávez na campanha de 1998 foi um processo de deslocamento das elites políticas, redistribuição dos recursos econômicos e políticos, concentração de poder e experimentação com novas formas de democracia participativa. O processo tem sido conflitivo, incluindo grandes protestos que ocasionalmente se tornam violentos, como foi o caso da tentativa de um golpe de Estado em 2002, da greve de dois meses dos petroleiros que durou até os primeiros meses de 2003 e do referendo sobre a continuidade do mandato do presidente em 2004. Mesmo que Chávez tenha sobrevivido a cada uma das tentativas de derrubá-lo, e consolidado mais ainda seu poder, o país ainda não conseguiu estabelecer um novo contrato social que inclua todos os setores da sociedade.

A Revolução Bolivariana de Chávez é cheia de contradições: nacionalista e integracionista, as mudanças vêm de cima para baixo e, ao mesmo tempo, de baixo para cima, centralizadas e participativas. Inspirada pelo libertador latino-americano Simon Bolívar, ela incorpora ao mesmo tempo o sonho da integração latino-americana e a concentração de poder no Executivo.[1] A política externa é um componente

[1] A Revolução Bolivariana é nomeada devido a Simón Bolívar (1783-1830), um dos mais importantes líderes da luta da América do Sul para sua independência da Espanha. Ele sonhava com uma federação de estados sul-americanos, com base em uma filosofia liberal de governo, mas nos últimos anos defendeu o poder centralizado para controlar os conflitos internos surgidos na Grã-Colômbia.

fundamental da visão de Chávez; seu objetivo é o de servir como um contrapeso à hegemonia global e regional dos Estados Unidos e promover um mundo mais multilateral, utilizando principalmente a posição da Venezuela como um exportador de energia para aumentar seu perfil em questões regionais.[2] A política externa da Venezuela, assim como sua política doméstica, é confrontativa e conflitiva.

A reeleição de Chávez com 63% dos votos em 2006 encorajou-o em 2007 a propor reformas ainda mais radicais para mudar a Constituição, uma ideia que foi rejeitada por uma pequena maioria dos eleitores, no que foi a primeira derrota eleitoral do presidente. Depois disso, Chávez se voltou para os dissidentes dentro de seu próprio governo; reformou seu gabinete para tentar lidar com problemas severos afetando os serviços públicos, criminalidade e inflação, bem como restaurou relações com a vizinha Colômbia, ao mesmo tempo que pediu às Forças Armadas Revolucionárias da Colômbia (Farcs) para cessar os sequestros e libertar unilateralmente os reféns em seu poder. Ele fez uma pesada campanha pelos candidatos de seu partido nas eleições locais e regionais de novembro de 2008, levando o povo a votar pela "revolução" e transformando o pleito em um plebiscito sobre seu governo. Com um nível de aprovação de 60%, esta foi uma estratégia razoável. Partidos de oposição, por outro lado, se uniram para apresentar candidatos únicos na maioria dos pleitos e focaram suas campanhas nos problemas do governo, em vez da pessoa de Hugo Chávez. Essa mudança de estratégia deu a eles a prefeitura da área metropolitana de Caracas, mais cinco dos 22 postos de governador, todos em regiões extremamente habitadas que, juntas, representam 45% da população. Isto

[2] Veja também as análises de Romero (2004: 130-150) e San Juan (2008).

incluiu o estado de Zulia, rico em reservas de petróleo, assim como o estado onde se situa a capital do país.

Mesmo não tendo sido uma rejeição à personalidade de Chávez, o resultado das urnas refletiu a frustração de muitos venezuelanos com a inabilidade do governo para resolver problemas fundamentais, como criminalidade crescente, falta de água, estradas asfaltadas, desemprego e inflação. Ao mesmo tempo, a falha dos candidatos dissidentes dentro do governo em construir uma aliança política para angariar apoios significativos reflete a dificuldade persistente em se criar um "chavismo sem Chávez", ou seja, um movimento que represente transformações radicais assim como o movimento do próprio presidente, mas que não o inclua pessoalmente.[3]

As eleições regionais criaram uma oportunidade para a oposição vitoriosa prover melhores serviços públicos e lançar uma campanha competitiva nas eleições para a Assembleia Nacional em 2010 e, posteriormente, para as eleições presidenciais de 2012. A capacidade destes governantes de produzir estes resultados, no entanto, é altamente dependente da distribuição de recursos e de cooperação com o governo central. O governo Chávez já voltou atrás em algumas reformas de descentralização da década anterior, diminuindo a autonomia de municípios e governos regionais. Logo após as eleições regionais de 2008, o governo tomou medidas adicionais para transferir para o controle do governo central os portos e aeroportos localizados em regiões cujos governantes são de oposição, assim como foi feito com a administração de prédios e espaços públicos anteriormente controlados por governos municipais. Em uma

[3] Quando vários parceiros da coligação se recusaram a aderir ao PSUV, as negociações foram suspensas e os partidos menores da coalizão lançaram seus próprios candidatos, tornando-se "dissidentes" na opinião de Chávez.

medida mais flagrante, que acabou por usurpar a autoridade do recém-eleito prefeito da região metropolitana de Caracas, o governo central criou o Distrito da Capital e apontou um governador para ele, tirando o prefeito eleito pelo voto de seu cargo, tanto literal quanto figurativamente.

O presidente também pediu à Assembleia Nacional para reintroduzir a emenda constitucional que acaba com o limite no número de vezes que o presidente pode se reeleger (uma proposta que estava incluída na reforma constitucional de 2007). Mesmo que as eleições de 2008 tenham lhe dado um mandato mais fraco do que ele esperava, Chávez indicou, logo após as eleições, que desejava fazer um referendo para aprovar esta emenda já no início de 2009, bem a tempo das eleições presidenciais de 2012. Após expandir a proposta para incluir todos os cargos eletivos, ela passou facilmente em fevereiro de 2009, abrindo assim a oportunidade de que Chávez permaneça no poder indefinidamente.

Nos anos recentes, a questão política que recebeu maior atenção foi o nível da liberdade de expressão e a independência da mídia. Após o referendo de 2004 para retirar o presidente do poder, diversas mudanças ocorreram: o governo abriu uma série de novos canais de televisão e passou a patrocinar centenas de rádios comunitárias, mudando a dinâmica que existia entre a mídia controlada pela oposição e aquela controlada pelo governo, que passou de uma mídia majoritariamente oposicionista para uma maioria controlada pelo aparato oficial. A Assembleia Nacional passou a Lei da Responsabilidade Social da Mídia para regular a violência e a pornografia durante o horário nobre da televisão. Alguns meios de comunicação decidiram viver em paz com o governo e passaram a ter um papel político reduzido.

Ainda há críticas pesadas ao governo na mídia privada e não existe censura formal. Mas os mecanismos legais, econômicos e regulatórios que existem criam um clima de autocensura. Os meios de comunicação controlados pelo Estado são fortemente politizados e claramente pró-governo, enquanto a mídia privada continua a ser oposicionista. Os donos da mídia privada reclamam que têm negado o acesso a prédios públicos e eventos oficiais e que são forçados a interromper a programação regular para transmitir longos discursos presidenciais. Reformas no código criminal em março de 2005 aumentaram as penas para calúnia e difamação dos que ocupam cargos públicos de um máximo de 30 meses de prisão para uma possível pena máxima de quatro anos, diretamente contra as decisões tomadas em outros países da região e às determinações da Corte Interamericana de Direitos Humanos.

O governo também vem impondo restrições à mídia através de limitações na emissão e renovação de licenças de transmissão: estas parecem ser, às vezes, motivadas por questões políticas. No episódio mais controverso, em maio de 2007, o governo se recusou a renovar a licença da rede de televisão comercial mais antiga do país e sua mais feroz crítica, a Radio Caracas Television (RCTV), por supostamente ter apoiado o golpe de 2002 e violado normas de transmissão. Esta suspensão ocasionou os primeiros protestos estudantis do governo Chávez, um movimento que, em seguida, foi instrumental na derrota do governo na tentativa de reforma constitucional de 2007. No início de 2010 o governo parou de transmitir a programação a cabo da RCTV, supostamente porque o canal transmitiu apenas parte de um pronunciamento do presidente. O presidente do canal de notícias 24 horas Globovisón foi preso por supostos comentários críticos a Chávez. Dois estudantes foram mortos em protestos subsequentes e os Estados Unidos, assim como diversas ONGs, condenaram essas ações.

Relações Estados Unidos-Venezuela 1999-2008

As relações entre a Venezuela e os Estados Unidos foram frias desde a chegada de Chávez ao poder. Os objetivos estratégicos da Revolução Bolivariana ditavam que a Venezuela se colocaria contra os Estados Unidos em diversas arenas internacionais, enquanto a dependência venezuelana das exportações de petróleo forçava o país a manter o importante comércio bilateral. A cooperação em outras áreas deteriorou rapidamente, à medida que a Venezuela retirou a permissão para voos de operações antidrogas e recusou ajuda da Marinha dos Estados Unidos durante as inundações devastadoras de 1999.

Durante o governo Bush, a Venezuela teve uma postura dúbia em relação aos Estados Unidos. O presidente Chávez enviou uma carta de felicitações ao presidente eleito Bush em 2000 e expressou seu desejo de estreitar as relações com os Estados Unidos após a vitória de Barack Obama em 2008. Por outro lado, o governo Chávez continuou a antagonizar o governo dos Estados Unidos durante sua primeira década, com críticas em relação ao Plano Colômbia, com o desafio da proposta de Acordo de Livre Comércio das Américas (Alca), com a fraca resposta aos ataques ao World Trade Center, com as críticas aos ataques aéreos de retaliação dos Estados Unidos contra os talibãs no Afeganistão e com a crescente amizade com Cuba. Controvérsias sobre a democracia surgiram cedo, quando o governo de Chávez se esforçou em vão para privilegiar o conceito de democracia participativa e direta nas negociações para a Carta Democrática Interamericana.

A política externa unilateral do governo Bush, centrada na chamada "guerra ao terror", e a invasão do Iraque alienaram grande parte do público da América Latina e forneceram combustível para os ataques da retórica de Chávez contra o "império". Os Estados Unidos perderam muito de sua autoridade moral sobre a promoção da democracia na região, com suas boas-vindas ao golpe de 2002 contra Chávez, e mais amplamente com sua política unilateral contra o Iraque, onde a "mudança de regime" tornou-se racionalizada como a promoção da democracia. O governo Chávez citou o financiamento de assistência à democracia, por parte dos Estados Unidos, para as organizações de oposição da sociedade civil (ONGs, sindicatos e organizações do setor privado) que antecederam o golpe de 2002, alegando que os Estados Unidos estavam financiando uma conspiração contra o governo. No período pós-golpe, o Escritório de Iniciativas de Transição Usaid continuou um vigoroso programa de assistência para algumas ONGs venezuelanas, embora outros tenham decidido parar de aceitar financiamento dos Estados Unidos, na sequência de fortes críticas do governo (McCoy, 2007:119-132).

Os Estados Unidos apoiaram a mediação do grupo Tripartite (OEA, Pnud e Carter Center) para encontrar uma solução pacífica para o conflito político envolvendo a Venezuela após o regresso de Chávez ao poder em 2002. As preocupações dos Estados Unidos se intensificaram sobre uma erosão da separação dos poderes e liberdades civis, bem como sobre as pressões crescentes sobre o investimento estrangeiro e a propriedade privada na Venezuela. Ao mesmo tempo, um padrão destrutivo de recriminações verbais entre os dois países surgiu em uma competição, a chamada "diplomacia do microfone", com o presidente Chávez insultando funcionários do governo Bush e com os secretários de Estado e da Defesa dos Estados Unidos criticando Chávez e suas políticas.

A eleição de Barack Obama, em 2008, apresentou assim uma oportunidade e um dilema para a Venezuela. O governo Obama chegou ao poder com uma vontade expressa de se envolver no diálogo e na negociação com seus adversários, incluindo a Venezuela. Ele removeu o principal alvo da retórica anti-imperialista de Chávez dos últimos anos, que se concentrou pessoalmente no presidente George W. Bush e nos membros de seu gabinete, representando esperança para milhões de americanos discriminados previamente ou lutando por mudanças sociais. Da mesma forma, uma agenda política interna ambiciosa impediu o governo de Barack Obama de tomar medidas ousadas na política externa além de sua política revitalizada para o Afeganistão em seu primeiro ano e, rapidamente, tornou-se bloqueado no Irã, no conflito entre Israel e Palestina, na Coreia do Norte e em Cuba.

O conflito subjacente entre as agendas dos dois países foi refletido nas preocupações políticas expressas de cada governo sobre o outro. As preocupações do governo Obama têm sido uma continuação do governo Bush: o crescimento reportado do transporte de entorpecentes através da Venezuela, o apoio de Chávez a Cuba, crescentes laços do país com a Rússia, China e Irã e o aumento das restrições a críticas domésticas e à propriedade privada. Além disso, a tensão crescente, a partir de meados de 2009, entre a Colômbia – o aliado mais próximo dos Estados Unidos na região – e a Venezuela aumenta as preocupações sobre esse embate se tornar violento.

A preocupação da Venezuela com intenções potencialmente hostis dos Estados Unidos aprofundou-se primeiro devido à aceitação dos Estados Unidos da tentativa de golpe de 2002, sendo reforçada pela formalização de 2009 do acesso dos Estados Unidos a bases militares na Colômbia. O único elemento que mantém o antagonismo dentro dos limites e não foi interrompido, mesmo quando as relações diplomáticas foram rompidas na última década, é a dependência mútua relacionada ao comércio de petróleo – em 2009 os Estados Unidos compraram cerca de 55% das exportações do petróleo venezuelano, totalizando 9% do petróleo importado pelos Estados Unidos (contra 16% em 1998) (U.S. Government, 2010). Tal restrição pode ser mitigada e o antagonismo pode crescer se a busca da Venezuela por mercados alternativos de exportação e as tentativas dos Estados Unidos em maior ganho de energia independente ganharem tração.

O engajamento dos Estados Unidos com a Venezuela – 2010 e além

Conflitos políticos

Os interesses dos Estados Unidos em relação à Venezuela refletem três elementos. Em primeiro lugar, os interesses estratégicos dos Estados Unidos na Venezuela incluem o fornecimento de petróleo, reduzindo o trânsito de drogas e atividades contra o terrorismo. Em segundo lugar, o interesse dos Estados Unidos em ter vizinhos democráticos estáveis dá formato a seu ponto de vista sobre a evolução política interna venezuelana e sua influência em outros países. Em particular, a experiência de Chávez acerca da democracia participativa simultaneamente produziu uma concentração excessiva do Poder Executivo, arriscando-se um retorno de extrema polarização, desestabilização e violência. Em terceiro lugar, desarmar o impasse com a rancorosa Venezuela iria ajudar o governo Obama a atingir seu objetivo de estabelecer mais relações de cooperação e resolução de problemas com a região.

As preocupações da agência de inteligência dos Estados Unidos sobre a Venezuela, de um ponto de vista estratégico, foram encapsuladas no Relatório da Inteligência Nacional dos Estados Unidos de fevereiro de 2010. Esse relatório se referiu aos laços crescentes da Venezuela com a China, Rússia e Irã, e afirmou que "o Irã tem feito planos de contingência para lidar com as futuras sanções internacionais adicionais pela identificação de potenciais fornecedores alternativos de gasolina, incluindo a China e a Venezuela".[4] Além disso, o relatório nomeou Hugo Chávez como um dos "principais detratores internacionais, denunciando a democracia liberal e o capitalismo de mercado e opondo-se a políticas e interesses dos Estados Unidos na região". O relatório disse que seu "modelo autoritário populista" estava minando as instituições democráticas da Venezuela e afirmou que o país continuou seu apoio secreto às Farcs, sem fornecer provas específicas (Annual, 2010:31-35). Logo após, o Relatório Anual de Direitos Humanos do Departamento de Estado foi lançado, destacando uma intensificação da politização do Judiciário, um assédio oficial e intimidação da oposição política e da mídia em 2009 (U.S. State Depart, 2009).

[4] Annual Threat Assessment of the US Intelligence Community for the Senate Select Committee on Intelligence, 2 Feb. 2010, p. 25. Note-se que ao Irã falta capacidade para o refino, portanto, depende de gasolina importada.

Rússia, Irã e China têm aumentado sua presença na América Latina, não apenas em relação à Venezuela. Mas a Venezuela, em particular, tem cortejado os três como parte de seus objetivos estratégicos de política externa para contrabalançar a influência dos Estados Unidos. Para a Rússia, a Venezuela está provando ser um comprador de armas importante, pois o governo tenta restabelecer a paridade com a Colômbia após uma década de ajuda militar significante dos Estados Unidos para aquele país. A Venezuela já comprou US$ 4 bilhões em equipamentos pesados (tanques e aviões) e armas de pequeno porte (100 mil fuzis de assalto AK-47). Então, em uma visita à Venezuela em março de 2010, o presidente russo Vladimir Putin anunciou a possibilidade de uma linha de crédito de US$ 5 bilhões para mais compras de armas pela Venezuela. Enquanto os analistas e pensadores de políticas questionam a necessidade do equipamento pesado, a Venezuela responde que está atualizando seus militares em face das sanções dos Estados Unidos e grandes compras de armas por seus vizinhos: Colômbia e Brasil. Os caças russos *Sukhoi* substituíram os velhos *F-16* americanos (comprados na década de 1980), para os quais os Estados Unidos se recusaram a fornecer peças de reposição desde a posse de Chávez. A maior preocupação expressa nos Estados Unidos são, de fato, as armas de pequeno porte – devido ao medo de elas serem eventualmente distribuídas para as Farcs colombianas ou para outros grupos criminosos. A Venezuela alega que substitui as velhas armas belgas e que, de qualquer forma, as despesas com armas são maiores no Brasil, na Colômbia e no Chile. A Venezuela proveu petróleo subsidiado a Cuba em troca de até 20 mil médicos cubanos em bairros pobres da Venezuela e tem continuado o apoio ao governo de Raúl Castro. Os dois países também estabeleceram um esforço conjunto para fornecer cirurgias de catarata gratuitas por toda a América Latina. Membros anti-Castro do Congresso dos Estados Unidos, em particular, veem o apoio como sustentando o regime cubano. A prevalência de assessores cubanos e de equipes de segurança na Venezuela também levantou temores entre os opositores de Chávez de uma "cubanização" da Venezuela – não só em termos de um socialismo venezuelano, mas também em termos de uma repressão da dissidência.[5]

O alegado apoio venezuelano à insurgência colombiana das Farcs também afeta as relações entre os Estados Unidos e a Venezuela. A captura do suposto "ministro das Relações Exteriores" das Farcs, Rodrigo Granda, por caçadores de recompensa da Colômbia, em 2005, tornou público o fato de que um alto funcionário das Farcs tinha vivido na Venezuela, livre por algum tempo. Três anos mais tarde, a tensão surgiu novamente quando a Colômbia bombardeou um acampamento da guerrilha das Farcs no Equador, em março de 2008. A Colômbia envergonhou a Venezuela, ao posteriormente vazar à imprensa que os computadores capturados durante o ataque equatoriano, supostamente, revelaram que a Venezuela tinha dado apoio material às Farcs. Embora a Venezuela tenha negado a acusação e nenhuma evidência adicional tenha-se tornado pública, o relatório de 2010 da Inteligência dos Estados Unidos citou as alegações feitas acima.

As preocupações dos Estados Unidos sobre a deterioração da democracia na Venezuela, delineadas no Relatório do Departamento de Estado de Direitos Humanos, de 2009, referido

[5] A chegada em Caracas, no início de 2010, do ministro de Tecnologia de Cuba e ex-ministro do Interior, Ramiro Valdéz, para aconselhar sobre a escassez de eletricidade levantou suspeitas entre a oposição de que ele realmente estava lá como um especialista em controle da internet para ajudar o governo a reprimir a dissidência.

anteriormente, ecoaram no relatório de março de 2010 da Comissão Interamericana de Direitos Humanos, um organismo independente da OEA, ao qual a Venezuela pertence. Debates sobre o "déficit democrático" da Venezuela continuam a ser um fator irritante nas relações bilaterais.

Os interesses estratégicos da Venezuela *vis-à-vis* os Estados Unidos giram em torno de reduzir a dependência do mercado de exportação deste país, com a finalidade de alcançar maior integração do Sul, um mundo multipolar, um novo modelo de desenvolvimento e um lugar para a Venezuela no cenário mundial como um líder em energia. Chávez continua a buscar a diversificação do mercado de petróleo da Venezuela através do desenvolvimento conjunto de novas refinarias na China e na Venezuela, que podem lidar com a grande quantidade de petróleo produzido em seu país. (Atualmente, o petróleo venezuelano é refinado principalmente nos Estados Unidos.) No entanto, tais refinarias foram lentas a se materializar e ainda não tinham sido alcançadas até meados de 2010. A quantidade de petróleo exportada pela Venezuela para a China é atualmente pequena, mas crescerá provavelmente em função de um empréstimo acordado de US$ 20 bilhões, anunciado em abril de 2010, incluindo uma *joint venture* entre a China e a Venezuela para desenvolver novos campos de petróleo e refinar o petróleo bruto para combustível leve.

As relações amistosas da Venezuela e as alianças estratégicas e comerciais com os opositores dos Estados Unidos, como Cuba, Irã e Rússia, fazem parte de sua estratégia de desafiar os Estados Unidos. No entanto, devido a sua dependência contínua do mercado de petróleo dos Estados Unidos, a Venezuela não pode separar-se completamente daquele país. Portanto, mantém uma relação multidimensional com fortes relações comerciais, uma cooperação intermitente em matéria de segurança e em matéria do combate aos narcóticos e uma competição política e de conflito retórico, no Ocidente.

Explicando a continuação das relações entre os Estados Unidos e a Venezuela durante o primeiro ano do governo Obama

O potencial de alterar o equilíbrio da relação multidimensional e, pelo menos, melhorar a comunicação e cooperação em algumas áreas de interesse estratégico mútuo não foi alcançado durante o primeiro ano do governo Obama por diversas razões. Primeiro, a política interna dos Estados Unidos interveio. Apesar da atmosfera de bem-estar da Cúpula de Trinidad e Tobago, o governo Obama foi consumido por sua própria agenda política nacional e sua revisão das políticas para o Afeganistão e para o Iraque. As indicações para a equipe da América Latina no Departamento de Estado tardaram e depois descarrilharam, devido à controvérsia em torno do golpe de 28 de junho em Honduras.

A percepção do envolvimento da Venezuela na crise de Honduras entrou na política interna dos Estados Unidos, quando republicanos conservadores criticaram a decisão inicial dos Estados Unidos de condenar o golpe junto com o resto do Ocidente. Para os conservadores, o apoio visível do governo Chávez ao líder deposto de Honduras foi uma prova de ingerência estrangeira. O chanceler venezuelano acompanhou o presidente Manuel Zelaya em seu exílio inicial na Nicarágua e em tentativas frustradas de voltar ao país. O medo das elites hondurenhas em relação a uma soma incontrolável de dinheiro e armas, que poderiam desencadear uma "guerra de classes" em Honduras, foi a principal motivação para o golpe, apesar do voto quase unânime do Congresso para participar da Alternativa Bolivariana para as Américas (Alba) de Chávez e receber descontos para o petróleo no ano anterior.[6]

A política interna na Venezuela também interferiu no potencial de um novo começo com os Estados Unidos. Chávez, durante vários anos, utilizou o governo Bush como um conveniente bode expiatório, citando a ameaça de uma invasão dos Estados Unidos para justificar a criação de uma milícia de cidadãos, na Venezuela, entre outras coisas. Durante os primeiros meses do governo Obama, a retórica de Chávez contra os Estados Unidos se acalmou e sua atenção parecia estar focada em potenciais adversários internos. No entanto, com o acordo militar entre os Estados Unidos e a Colômbia e a indecisão dos Estados Unidos em Honduras, Chávez aumentou sua crítica em relação à política dos Estados Unidos, embora não em relação a Obama pessoalmente. Por último, na Cúpula de Copenhague sobre as alterações climáticas, em dezembro de 2009, Chávez fez um ataque pessoal a Obama quando ele se referiu a seu próprio discurso em 2006 na Assembleia Geral da ONU, após George W. Bush, dizendo que ainda havia o cheiro de enxofre naquele ambiente.

Perspectivas para a futura reaproximação e cooperação entre os Estados Unidos e a Venezuela

Ambos os países têm um interesse estratégico em obter cooperação em áreas específicas. Para os Estados Unidos, as maiores prioridades são o acesso contínuo ao petróleo da Venezuela, especialmente devido à descoberta anunciada de

[6] Entrevistas de McCoy com líderes políticos e grandes empresários em outubro de 2009 em Tegucigalpa.

extensas reservas, juntamente com a tentativa de conter o aumento do fluxo do tráfico de drogas através da Venezuela. Embora os laços da Venezuela com o Irã e o suposto apoio às Farcs representem preocupações para o governo dos Estados Unidos, o governo Obama não prevê qualquer perspectiva de mudança sobre estas questões de segurança em um futuro próximo.[7] A Venezuela tem como imperativos estratégicos o equilíbrio da necessidade de uma relação suficientemente civil com os Estados Unidos para continuar o comércio de petróleo e defender-se contra a intervenção externa. Para este fim, a Venezuela mantém uma política dupla para os Estados Unidos, alternando entre o envio de mensagens conciliatórias e pesquisando os canais de comunicação, bem como as críticas ferozes e ameaças de cortar o petróleo se os Estados Unidos intervirem na Venezuela.

Uma vez que o objetivo principal da Revolução Bolivariana é mudar o equilíbrio de poder a fim de reduzir a influência dos Estados Unidos, uma transformação fundamental na direção de uma relação estreita e cooperativa é altamente improvável. O governo Chávez se vê como líder em fornecimento de energia com enormes reservas comprovadas e reservas potenciais, e usa esta posição para perseguir seus objetivos de integração latino-americana e independência dos Estados Unidos. No entanto, a base ideológica da política externa da Venezuela como anticapitalista e anti-imperialista também levou-a a desempenhar um papel provocativo e divisor na região, tentando isolar os países que estão mais próximos dos Estados Unidos. Ironicamente, esse papel divisor retém as próprias ambições da Venezuela de alcançar a integração do Sul.

[7] Conversas da autora com oficiais do governo Obama em abril de 2010.

Ao mesmo tempo, recuos pragmáticos nas perseguições ideológicas da Venezuela ocorreram especialmente em sua relação volátil com o mais próximo aliado dos Estados Unidos – a Colômbia. A construção de um gasoduto entre a Venezuela e a Colômbia é um sinal. Outro é sua vontade de deixar a porta ligeiramente aberta para a participação privada de petróleo estrangeiro, inclusive por grandes empresas dos Estados Unidos, na "renacionalização" do setor petrolífero venezuelano. Continuadas vulnerabilidades econômicas e políticas podem produzir reduções mais pragmáticas: as eleições de 2010 para a Assembleia Nacional e as eleições presidenciais de 2012 estão ocorrendo no meio de uma escassez, mal resolvida, de eletricidade e água, e com índices de aprovação em declínio. A aprovação do desempenho do presidente Chávez caiu para 44% em fevereiro de 2010, o menor nível desde maio de 2004 (Datanalisis, 2010). O FMI previu uma contração de -2,6% da economia venezuelana em 2010, em contraste com uma média regional prevista de 4% de crescimento econômico, e inflação contínua acima de 25% (IMF, 2010). A dependência da Venezuela das exportações de petróleo (cerca de 90% das suas receitas de exportação) e do consumo dos Estados Unidos do petróleo torna a economia venezuelana vulnerável aos preços do petróleo e à demanda dos Estados Unidos. Além disso, o fechamento da fronteira com a Venezuela e a Colômbia, na sequência do Acordo de Cooperação de Defesa entre os Estados Unidos e a Colômbia, de 2009, severamente restringiu o comércio da Venezuela com seu segundo maior parceiro comercial.

O desafio para o governo Obama, então, é estimular e reforçar o pragmatismo da Venezuela em sua tentativa de controlar este "casamento inconveniente". O primeiro ano parecia uma gélida separação com poucas tentativas para alcançar um entendimento comum. Nenhuma iniciativa significante, em relação à Venezuela, foi começada pelos Estados Unidos. Autoridades dos Estados Unidos não incluíram a Venezuela em suas viagens pela região e as comunicações permanecem limitadas, apesar do fato de que algumas conversas em níveis mais baixos terem ocorrido. De fato, o governo adotou uma estratégia de trabalho com os agrupamentos sub-regionais de países em interesses estratégicos e parece estar à espera de sinais sérios de comprometimento com a cooperação da Venezuela antes de incluí-la em todas estas iniciativas. No entanto, o tratamento grosseiro dado à assinatura do Acordo de Cooperação de Defesa com a Colômbia, enraivecendo muitos países do Ocidente devido à falta de consulta prévia e de explicação, e os recuos e sinais dúbios dos Estados Unidos sobre o golpe em Honduras fizeram verossímeis para alguns cidadãos venezuelanos as afirmações de Chávez sobre o contínuo imperialismo dos Estados Unidos e sobre a ameaça à segurança venezuelana.

Ao fornecer algumas garantias para acalmar as queixas da Venezuela sobre forças desestabilizadoras provenientes da Colômbia e dos Estados Unidos, o governo Obama pode tranquilizar os venezuelanos e ao mesmo tempo minar a eficácia das críticas de Chávez contra os Estados Unidos na região. Especificamente, os Estados Unidos deveriam trabalhar via Unasul para tranquilizar a Venezuela de que o acesso norte-americano a bases militares colombianas não é uma ameaça à soberania venezuelana. Os Estados Unidos deveriam demonstrar uma séria vontade de rever sua estratégia antinarcóticos, distante da falida ênfase na erradicação, interdição e militarização do lado da oferta da cadeia. Bem como deveria ter uma nova abordagem das preferências comerciais para os países pobres, como a Bolívia. Estas duas últimas alterações iriam reduzir os obstáculos às relações renovadas com um aliado--chave da Venezuela e diminuir a capacidade da Venezuela de criticar o papel dos Estados Unidos na região.

A abordagem multilateral também deveria ser considerada para encorajar a proteção dos direitos individuais e dos procedimentos formais democráticos na Venezuela. O governo Obama, por exemplo, poderia basear-se na forte defesa da Venezuela da Carta Democrática no caso de Honduras, e buscar um consenso sobre as formas de prevenir "alterações" na ordem constitucional que impeçam golpes militares, incluindo o abuso de poder pelo Executivo. Infelizmente, o eventual compromisso dos Estados Unidos, em princípio, para um reconhecimento pragmático das eleições de Honduras, assim como a inclinação de Chávez contra as intervenções da OEA fazem deste um caminho improvável para a cooperação entre os dois países. Além disso, os vizinhos da Venezuela têm--se demonstrado relutantes em comentar sobre os padrões de democracia, de governança e do Estado de Direito que se aplicam à Venezuela, apesar do crescente reconhecimento da grave erosão dos padrões básicos interamericanos. A confiança na generosidade da Venezuela em sua petrodiplomacia, os interesses comerciais na Venezuela e um desejo geral de não interferir nos assuntos internos alheios (ou julgar os outros, por medo de ser julgado) constrangem os vizinhos da Venezuela a criticar seu comportamento político.

O governo Obama sabe que as políticas passadas dos Estados Unidos que tentavam isolar ou enfrentar a Venezuela têm sido contraproducentes. Durante os anos Bush, os Estados Unidos e a Venezuela se envolveram em uma "guerra fria" ocidental, uma competição sobre a influência financeira e política em outros países, que cada um estava tentando atrair para seu lado.[8] As tentativas dos Estados Unidos de isolar a Venezuela em arenas hemisféricas falharam miseravelmente no passado, como mostrado no demorado episódio da eleição de um novo secretário-geral da OEA, em 2005. Nesse incidente, os Estados Unidos propuseram e apoiaram dois diferentes candidatos antes de o candidato apoiado pela Venezuela finalmente ganhar a votação.

Ao evitar o confronto direto com a Venezuela, os Estados Unidos podem neutralizar esse relacionamento destrutivo e trabalhar mais eficazmente para criar relações de cooperação com outros países da América Latina para seus interesses futuros. A ação mais importante dos Estados Unidos, até agora, para mudar a dinâmica negativa foi a mudança no estilo e na atitude refletida de Obama na direção de um maior multilateralismo, consulta e respeito. O antiamericanismo de Chávez ressoou nacionalmente e no exterior, devido à antipatia geral em relação às ações unilaterais dos Estados Unidos, e percebeu atitudes de *bullying*, especialmente durante o governo Bush. O modelo consultivo do governo Obama, que dá ênfase ao multilateralismo, irá percorrer um longo caminho para minar tal ressentimento, mas tal política deverá ser mais substancial, se a intenção for manter a credibilidade nos próximos anos.

A preocupação maior da política externa dos Estados Unidos pode ser a incerteza de um cenário pós-Chávez. Apesar

---

[8] Alguns relatórios estimam que as próprias formas da Venezuela de ajuda humanitária (descontados petróleo, compra de títulos da dívida, *joint ventures* em matéria de energia e comércio em permuta) podem ser o equivalente à ajuda total dos Estados Unidos à região desde 1999, ou até mais.

de o presidente Chávez ter resistido habilmente a todos os desafios internos e consolidado seu poder ao longo dos últimos 12 anos na Venezuela, as vulnerabilidades do ciclo eleitoral 2010-2012 descrito acima deixam algumas incertezas sobre os resultados. Se o PSUV e o presidente Chávez continuarem a ganhar as eleições, não há razão para acreditar que eles vão afastar-se dos objetivos de aprofundar o "socialismo do século XXI", internamente e reestruturando o poder globalmente. Isso pode levar a uma rota de colisão com os Estados Unidos, mesmo que Washington objetive abordagens multilaterais.

Talvez o mais arriscado resultado seria uma perda eleitoral ou outra súbita partida do presidente Chávez. A desinstitucionalização das estruturas do governo e a personalização do poder, impedindo o desenvolvimento de uma liderança alternativa sob o governo de Chávez, apresentam cenários potencialmente perigosos para a transição para uma era pós-Chávez. Se seus próprios seguidores continuam a temer a perseguição, na sequência de uma vitória eleitoral da oposição, eles podem resistir com violência. Se os adversários de Chávez não perceberem nenhuma oportunidade para chegar ao poder pela via eleitoral e se sentirem ameaçados e intimidados pela repressão da dissidência, eles podem recorrer à violência. A tarefa mais importante, então, é encorajar um processo pacífico para as próximas eleições com garantias mútuas de proteção para todos os envolvidos. A segunda tarefa é prover garantias confiáveis aos cidadãos venezuelanos, como os descritos acima, de que os Estados Unidos não representam uma ameaça à Venezuela ou a seus aliados na região.

Capítulo 4

As relações entre a Bolívia e os Estados Unidos: além do impasse

George Gray Molina

A Bolívia vive um processo de aceleradas mudanças sociais e políticas. Há 30 anos era um país predominantemente rural, baseado na mineração andina, marcado pela herança da Revolução Nacional de 1952, e que mantinha a partir deste acontecimento uma relação estreita com os Estados Unidos. Hoje a Bolívia é um país predominantemente urbano, rico em exploração de gás natural, e com uma crescente ocupação territorial do oriente e da Amazônia. Continua a ser um dos países mais pobres e mais desiguais da América Latina. Em 2005, após um período turbulento de polarização política e social, elegeu pela primeira vez um presidente indígena, o líder sindical Evo Morales. Em setembro de 2008, o governo boliviano expulsou o embaixador norte-americano Philip Goldberg, acusando-o de interferir nos assuntos domésticos do país, o que culminou na expulsão recíproca do embaixador boliviano em Washington, Gustavo Guzmán. Desde então se tem aprofundado o distanciamento entre os dois países na área comercial, na luta contra o narcotráfico e na promoção da democracia e dos direitos humanos.

O que motiva este desencontro? O impasse centra-se nas diferenças sobre a política antinarcotráfico e na assimetria de poder. Há novas iniciativas de ambas as partes que assinalam uma mudança gradual na luta contra as drogas, mas ainda não são visíveis mudanças mais gerais no relacionamento. Com a reeleição de Morales, em 2009, abre-se uma nova oportunidade para retomar as negociações: será possível estabelecer um novo *modus vivendi* entre os dois países? Para responder a esta pergunta será necessário analisar como são tomadas as decisões em cada país: é importante entender o peso do Congresso norte-americano nas decisões tomadas pelo Poder Executivo, bem como os interesses pragmáticos e ideológicos da coligação governante boliviana. Será também necessário ir além do tema das "drogas", algo que representa uma frustração para a Bolívia de longa data. Finalmente, as aproximações diplomáticas não se dão apenas no âmbito bilateral, por isso será necessário olhar para o que pode ser conquistado através dos canais multilaterais.

As narrativas polarizadoras do impasse

A expulsão do embaixador Goldberg por "conspirar contra a democracia" boliviana (Bolivia, 2008), anunciada por Morales na manhã de 11 de setembro, ocorreu num momento de alto conflito social e político entre opositores do governo e camponeses, que o presidente Morales denunciou como um "golpe civil" (Morales, 2008). Nesse mesmo dia morreram pelo menos 11 civis em confrontos violentos no departamento do Pando (Oficina, 2009). Washington, pego de surpresa com a expulsão, denunciou a medida tomada pela Bolívia através do subsecretário de Assuntos Hemisféricos do Departamento de Estado, Thomas Shannon, que qualificou a expulsão como um "erro grave", e respondeu com a expulsão do embaixador Guzmán. Nos dias seguintes, a Bolívia expulsou ainda os oficiais e agentes do Corpo de Paz (Peace Corps), da Drug Enforcement Agency (DEA), entre outros funcionários. Em dezembro de 2008, e novamente em 2009, os Estados Unidos "descertificaram" a Bolívia na luta contra as drogas, assim anulando as preferências tarifárias aplicáveis através da Andean Trade Promotion and Drug Erradication Act (ATPDEA), das quais usufruíam também Equador e o Peru. A Bolívia também deixou de ser elegível para a Conta do Milênio, com a qual tinha iniciado negociações em 2005. Apesar das tentativas de aproximação em 2009, as relações de alto nível continuam paralisadas.

A posição de La Paz

- Do ponto de vista da Bolívia, a narrativa do desentendimento com os Estados Unidos tem três capítulos. Primeiro, existe o problema da interferência nos assuntos internos por meio dos programas de promoção da democracia da Agência para o Desenvolvimento Internacional (Usaid), que levou à expulsão do embaixador Goldberg. Autoridades bolivianas já tinham denunciado esta interferência um ano antes da expulsão, ressaltando que se

> a cooperação dos Estados Unidos não se ajusta à política do Estado boliviano, as portas estão abertas (para sua partida). Não aceitamos nem mais um dia o tipo de cooperação que prejudica nossa democracia, conspira contra o direito da liberdade de

> nosso povo e que, ainda por cima, ofende a dignidade nacional. Não estamos dispostos a ser a porta traseira para nenhuma potência estrangeira (Declaración, 2007).

A denúncia foi acompanhada por uma lista de entidades financiadas pela Usaid que supostamente apoiavam as atividades da oposição política, e o problema agravou-se quando em 2009 se deu a conhecer um documento interno da Usaid que reconhecia que o programa de apoio para a democracia de 2002 incluía ajudas para "construir partidos moderados pró-democráticos que possam servir de contrapeso ao radicalismo do MAS ou dos seus sucessores" (Is Bolivia, 2007).

Segundo, existe o problema da descertificação. Essa medida veio alterar substancialmente a composição da ajuda norte-americana à Bolívia. Ainda mais relevante é o fato de esse tema ter um peso especial para o presidente Morales, cujo êxito político deve-se, em grande parte, a seu consistente posicionamento antiamericano. Na narrativa do presidente Morales, a presença da DEA na região do Chapare sempre teve uma função muito mais abrangente do que a simples cooperação: é o símbolo de um Estado boliviano submetido à interferência externa.

Terceiro, existe a percepção, que reflete a posição dos outros Estados-membros do bloco Alternativa Bolivariana para as Américas (Alba), de que a interferência norte-americana não é um problema apenas para a Bolívia, mas algo que afeta todo o hemisfério, fato confirmado pela maior presença militar norte-americana na Colômbia e pela crise em Honduras em 2009. Para o governo boliviano, o período de graça iniciado com a eleição de Obama fechou-se com a decisão da Colômbia de ampliar o acesso às suas bases militares em julho de 2009. Morales juntou a sua voz à de Chávez e de Lula da

Silva, afirmando que a presença de forças estrangeiras impedia a "integração" e a "paz social", e propôs que se realizasse um "referendo consultivo na América Latina para aceitar ou proibir a presença de tropas norte-americanas na região" (Agencia, 2009).

O fato de 2009 ser um ano eleitoral na Bolívia também contribuiu para as tensões. Em janeiro celebrou-se um referendo para ratificar a aprovação da nova Constituição e em dezembro houve eleições gerais. A esta altura, de acordo com as sondagens do *Latinobarómetro*, 56% dos bolivianos tinham uma imagem favorável ou muito favorável de Obama,[1] postura compartilhada pelo próprio presidente Morales, que começou o ano de 2009 com novas esperanças de uma aproximação entre os dois países (Evo, 2009; Bolivia's, 2008). Na Conferência de Trinidad e Tobago, o presidente Obama se mostrou disposto a dialogar com Morales, mas as decisões do Congresso norte-americano de anular as preferências tarifárias e de ampliar o acesso norte-americano às bases colombianas mudaram o clima da relação.

A posição de Washington

A narrativa de Washington, e mais concretamente do Departamento de Estado, é diferente. Ainda que a hierarquia da administração Obama faça uma leitura matizada sobre as relações com a Bolívia, comentadores e jornalistas oferecem uma leitura simplificada sobre o "populismo latino-americano" que fomenta a desconfiança e a descrença em relação ao presidente da Bolívia.

[1] Na mesma sondagem, 33% dos bolivianos tinham uma imagem "favorável ou muito favorável" de Hugo Chávez. Ver *Latinobarómetro* (2009).

O primeiro elemento da narrativa norte-americana é o tema das drogas. Esse tema tem uma longa história nas relações entre os Estados Unidos e a Bolívia, que faz parte de uma política que abrange a região andina e o hemisfério americano. A margem de manobra do Executivo norte-americano é condicionada pelo Congresso e o país receptor da cooperação, e pelo peso das rotinas burocráticas e dos cronogramas de interação entre os diferentes poderes. Os relatórios anuais antinarcotráfico dos Estados Unidos estruturam a cooperação bilateral e a certificação, além de assinalar quem são os parceiros e quem fica de fora, demonstrando que o tratamento deste tema não muda muito com as alterações políticas. Existem iniciativas novas que estão sendo discutidas no Congresso e pelo Executivo norte-americanos, mas a certificação continua quase de forma autônoma, independentemente das reformas que possam ser discutidas. Para Washington, a certificação transmite um sinal específico sobre a dimensão mais importante da relação bilateral, mas não tem o significado político que tem na América Latina.

O relatório de avaliação das políticas antinarcotráfico do Departamento de Estado de 2010 demonstra a preocupação com o aumento de cultivo da coca, o novo potencial para a produção de cocaína na Bolívia, a capacidade de resposta do governo boliviano, e as consequências em termos de conflito social (United States, 2010). O relatório refere-se ao fato de a saída da DEA ter dificultado a ação antinarcotráfico e recomenda que a Bolívia "melhore seus esforços cooperativos com o Brasil, a Argentina, o Chile e outros países limítrofes e parceiros internacionais na luta antinarcotráfico" (United States, 2010), e que se mantenha a ajuda norte-americana para o desenvolvimento agrícola, para apoiar as pequenas empresas e para treinar as forças policiais antinarcotráfico.

O segundo elemento da narrativa norte-americana refere-se às preferências tarifárias no âmbito do ATPDEA. Em 2009, o presidente Obama pediu à administração que trabalhasse com a Bolívia e com o Congresso norte-americano para melhorar a cooperação, de forma que beneficiasse a Bolívia (Barak Obama, 2009). Para Washington, a restauração das preferências passa pela certificação positiva. O ATPDEA abrange atualmente o Equador e o Peru, e prevê-se que haja um debate sobre a extensão de novos benefícios no fim de 2010. Ante o congelamento de tratados de livre-comércio bilaterais com a América Latina e o fracasso das negociações multilaterais comerciais, as preferências tarifárias são dos poucos sinais positivos e tangíveis para o desenvolvimento do comércio na região.

O terceiro elemento na narrativa relaciona-se à proximidade entre Morales e Chávez, e muito especialmente com Mahmoud Ahmadinejad do Irã, que tem buscado apoios regionais para sua política nuclear. A secretária de Estado Hillary Clinton afirmou que estas relações eram uma "má ideia" e pediu aos países que "cortejam" o Irã para "pensarem duas vezes" (Hillary Clinton, 2009). Durante a visita do presidente do Irã à América Latina em dezembro de 2009 foi assinado um entendimento entre a Bolívia e o Irã prometendo cerca de US$ 1 bilhão em investimentos comerciais e energéticos, que contribuiu para a desconfiança norte-americana sobre a agenda do Irã na região (Is Bolivia, 2007).

O impasse é visto em Washington – incluindo centros de pesquisa, fundações e imprensa – como um tema de importância menor. Ao contrário do caso da Bolívia, o embaixador americano depois do incidente diplomático retomou seus trabalhos normais nove meses depois (Venezuela, 2009). E as divergências entre os Estados Unidos e a Venezuela são maiores do que as entre os EUA e a Bolívia. Nos círculos moderados de política exterior norte-americana o consenso é que os interesses acabaram por triunfar sobre a ideologia, e que as relações entre a Bolívia e os Estados Unidos acabaram por voltar à normalidade.

Além do impasse: uma longa história

Os Estados Unidos têm uma longa história de intervenções unilaterais na Bolívia em nome da segurança e do combate às drogas que, em parte, explica as reservas do governo boliviano (Dunkerley, 1984). É difícil desassociar as relações atuais das memórias deste legado. Nos anos 1950, o presidente Eisenhower tomou a medida sem precedentes de reconhecer a revolução de 1952 quando o governo da Bolívia, que seguia a "terceira via" entre o capitalismo e o comunismo, conduzia a reforma agrária e a nacionalização das minas (Whitehead, 1969:11). Nos anos 1960, os Estados Unidos adotaram iniciativas para prevenir uma virada pró-cubana por parte das facções revolucionárias. Em 1956, George Eder liderou uma missão econômica que introduziu o primeiro pacote de "estabilização" (Eder, 1960:479). Nos anos 1960, o presidente Kennedy lançou a Aliança para o Progresso, o Corpo de Paz e financiou as estradas para ligar o Chapare, que viria a ser o centro de produção da folha de coca, ao resto do país, ligando assim as partes ocidental e oriental da Bolívia (Malloy, 1970).

No final do período militar nos anos 1970, a administração Carter deu um apoio importante aos movimentos sociais pró-democráticos que abriram o caminho para a transição para a democracia (Whitehead, 1986, parte II, p. 68-69, 71). Apesar dos conflitos sociais, a Bolívia tem uma democracia sem interrupções desde 1982.

Reformas como a participação popular e a descentralização administrativa, que fortaleceram as instituições democráticas, explicam, em parte, o surgimento de movimentos sociais locais altamente mobilizados, mas também explicam a maior politização das regiões do sul, leste e norte, incluindo Santa Cruz, Beni, Pando e Tarija. A política local e regional transformou-se nos últimos anos, e constitui uma das tensões por resolver mais importantes no que diz respeito aos direitos indígenas, ao direito à terra, aos recursos naturais e às autonomias regionais (Molina, 2003). Apesar das profundas crises políticas de 2003 e 2005, a legitimidade democrática da Bolívia aprofundou-se com a eleição de Evo Morales.

A dimensão política da política antinarcotráfico

A política antinarcotráfico tem sido um eixo nas relações entre os Estados Unidos e a Bolívia desde os anos 1990. Evo Morales se tornou presidente tanto por sua atuação política nacional e popular quanto por sua defesa do movimento de produtores de coca (Mayorga, 2003:9-17). A folha de coca é um estimulante legal na Bolívia e seus produtores esperam que os sindicatos os protejam da mesma forma que os produtores de tabaco esperam que o façam seus representantes no estado da Virginia. O processamento da folha de coca é um dos pontos de discórdia mais sérios nas relações políticas.

O presidente Morales tem feito questão de ampliar sua base eleitoral além do tema da folha de coca e da luta antinarcotráfico no Chapare, tentando convencer as classes médias e populares que se deve diferenciar legal e politicamente entre a folha de coca e a cocaína e prometendo que ele não "liderará um 'narco-Estado' na Bolívia" (Evo, 2006). Sua política para descriminalizar a folha de coca na Junta Internacional de Fiscalização de Estupefacientes (Jife) das Nações Unidas não tem sido tão eficaz como sua campanha doméstica.

O problema central é a falha da política de controle da oferta dos últimos 20 anos (UNODC, 2008). O aumento no potencial de fabricação da cocaína e o baixo preço nos mercados de consumo demonstram que o controle da oferta não incentiva a redução na disponibilidade e no padrão de consumo da droga (Reuter, 2001:14-23).

Existem três fatores que explicam a ineficácia da política atual. Primeiro, o volume total de produção da folha de coca na região andina tem-se mantido relativamente estável (200 mil a 250 mil hectares desde os anos 1990). Esse padrão manteve-se apesar das tentativas de erradicar milhares de hectares de cultivo. A produção potencial de cocaína aumentou neste período, de 115 a 195 toneladas. Embora o aumento seja gradual, a participação regional na produção da folha de coca e de cocaína da Bolívia manteve-se estável nos últimos anos. A Colômbia é responsável pelo maior aumento de volume: em 2007 (o último ano disponível), tinha 167 mil hectares de coca e um potencial de produção de 535 toneladas de cocaína (UNODC, 2009).

Segundo, o padrão de produção e contrabando também se alterou na última década. O cultivo em Yungas e Yungas de Vandiola no departamento de La Paz aumentou mais do que no Chapare, com maior nível de erradicação absoluta. O presidente boliviano mantém-se como líder da Confederação de Trabalhadores do Trópico da Bolívia, que reúne os sindicatos de produtores de coca. As vias de contrabando de cocaína e da pasta da droga mudaram do norte para o leste, passando pelo Brasil, o Paraguai e a Argentina, com destino à África e Europa.

Terceiro, a alta disponibilidade e os preços baixos demonstram que a política de controle da oferta não tem tido os efeitos desejados sobre os mercados consumidores. O preço real da coca tem diminuído nos últimos 30 anos.

Para o governo boliviano, não se pode separar a avaliação da política antinarcotráfico da relação bilateral. O ponto de discórdia não é técnico, mas político: o governo boliviano considera a política norte-americana uma intervenção nos seus assuntos domésticos, tendo vivido uma longa experiência de ações unilaterais.

Espaços de encontro

As relações bilaterais: mudanças na "guerra contra as drogas"

Em outubro de 2009 a Câmara de Representantes norte-americana promulgou uma lei com apoio bipartidário para criar uma comissão para repensar a política antinarcotráfico (Wola, 2009). A iniciativa foi bem recebida pela comunidade antinarcotráfico e de direitos humanos, e por centros de pesquisa de centro e de esquerda em Washington.

O "czar das drogas" designado pelo presidente Obama, Gil Kerlikowske, tem-se empenhado em enfocar a dimensão da saúde pública em vez da dimensão legal e criminal. O encarregado da política de controle de narcóticos previamente estava a cargo de reformar a polícia de Seattle, que é conhecida por tratar do tema com alternativas não punitivas.

As mudanças na política antinarcotráfico norte-americana serão moderadas e levarão tempo. No entanto, existem sinais claros de uma nova oportunidade para ver o tema de forma diferente. Este poderá ser um espaço de reencontro nas relações entre a Bolívia e os Estados Unidos.

As relações multilaterais: preenchendo o vazio norte-americano

A expulsão da DEA da Bolívia reajustou a política antinarcotráfico na Bolívia. Suas funções principais passaram a ser levadas a cabo por parceiros externos: a Polícia Federal brasileira lidera um novo projeto para treinar a polícia antinarcotráfico boliviana, a NAS da embaixada norte-americana dá apoio logístico e administrativo, o Escritório das Nações Unidas para as Drogas e o Crime (UNODC) publica relatórios anuais sobre cultivos e potencial produtivo e outras estatísticas, e a União Europeia administra um programa de desenvolvimento alternativo para substituição e erradicação da folha de coca. Este multilateralismo é ainda fraco, mas é o ponto de partida para uma prática diferente. O fato de os Estados Unidos continuarem a participar como sócio minoritário é positivo. Estabelece-se assim uma ponte para uma agenda alternativa.

Conclusões

As relações entre a Bolívia e os Estados Unidos estão em seu ponto mais baixo. Além das diferenças visíveis, existe um ponto de discórdia fundamental sobre a política antinarcotráfico e a assimetria de poder entre os dois países. A aposta atual é a normalização e uma aproximação gradual com base nos interesses mútuos.

Primeiro, em relação à política antinarcotráfico, para o governo boliviano toda a política *per se* é vista como uma interferência em seus assuntos domésticos. Para o governo norte-americano este é um período de mudanças na luta contra as drogas em termos domésticos e internacionais. Existe uma tendência a englobar outros atores na luta contra o narcotráfico na região, o que beneficia ambos os países e pode criar as bases para uma relação mais sólida.

Segundo, no que diz respeito às relações "além das drogas", o distanciamento diplomático e as acusações políticas consolidam uma visão de dois blocos opostos: a Bolívia é vista, mesmo no governo Obama, com um sócio menor da aliança chavista. Como transcender esta leitura?

Há três ações que estabeleceriam uma agenda mais realista. Primeiro, há que desagregar a atitude de um perante o outro. A política exterior norte-americana é complexa e altamente descentralizada. Há moderados e militantes sobre o tema da Bolívia no Congresso que podem oxigenar posições existentes na administração. A política boliviana também não é monolítica. Existem relações pragmáticas em certos campos (o gás, o comércio, a integração com o Brasil e a Argentina, por exemplo). É importante distinguir entre discursos radicais e ações moderadas.

Segundo, é possível diversificar a agenda de trabalho. O cenário político será diferente, se de fato houver uma multilateralização gradual da política antinarcotráfico e a desvinculação do tema com as relações comerciais, energéticas, o meio ambiente e os direitos humanos. Serão necessários avanços na agenda "além das drogas":

- comércio – a agenda comercial tem sido um dos poucos êxitos dos últimos 20 anos. As vantagens competitivas de exportadores pequenos e microempresários de um país mediterrânico com altos custos de transporte dependem das vantagens tarifárias e não tarifárias que possam conquistar. Uma nova iniciativa comercial pode substituir a ATPDEA, cujos condicionamentos antinarcotráfico não são eficazes;

- democracia e direitos humanos – esta agenda deve ser repensada para beneficiar ambas as partes. Existe uma clara necessidade de envolver outros atores na estratégia para fortalecer a democracia na região, eventualmente a Organização dos Estados Americanos (OEA) e a Comissão Interamericana de Direitos Humanos (CIDH). Seja por canais bilaterais ou multilaterais, a administração de Obama tem mais credibilidade nesta matéria que os seus antecessores; e o governo de Morales tem incentivos para acompanhar a retórica com ações para fortalecer a democracia e defender os direitos humanos;
- mudança climática e energia – a Bolívia é um dos países com o maior grau de biodiversidade do hemisfério e tem programas inovadores para evitar o desflorestamento (REDD), é um líder nas exportações orgânicas e ecocertificadas (café, castanhas, madeira tropical e produtos de biocomércio). Até agora, a estratégia norte-americana sobre a mudança climática tem-se concentrado nos países grandes e emergentes: por que não trabalhar com países menores com efeitos mais imediatos?

Terceiro, será necessário avançar além do contexto bilateral. A OEA, a Unasul e a recentemente criada Comunidade de Nações da América Latina e do Caribe podem ajudar a lidar com temas de interesse mútuo com outros sócios da região.

Uma das consequências da "aproximação gradual" é que não faz sentido atar o processo diplomático a calendários eleitorais. Os analistas andinos tendem a pensar que depois das eleições gerais e regionais na Bolívia haveria menos incentivos para a polarização das relações com os Estados Unidos e se abriria um espaço para uma relação menos contaminada e uma aproximação através de canais oficiais. Mas a polarização continua e poderá não haver uma nova oportunidade para normalizar as relações nos próximos anos. Neste cenário pessimista, a estratégia de espera tende a agravar as distâncias; uma estratégia proativa, mesmo que seja incremental, para promover a cooperação técnica em temas de rotina, aproximaria os dois países. É paradoxal que a cooperação norte-americana que ainda perdura para combater as drogas indique o caminho a seguir nesta matéria. Neste momento, cada passo construtivo baseado em interesses mútuos poderá abrir caminhos para uma relação de maior respeito.

Capítulo 5

A política de Obama para Cuba: o fim do "novo início"

Daniel P. Erikson

Quando Barack Obama foi eleito o 44º presidente dos Estados Unidos em novembro de 2008, sua vitória gerou esperança por todos os cantos de que Washington e Havana começariam a superar décadas de antagonismo. Até Fidel Castro, o indisposto ex-presidente de Cuba, em seus 82 anos, enalteceu e elogiou o novo presidente como "inteligente, educado e criterioso". De uma forma mais ampla, uma vasta parcela da sociedade cubana aparentou apoiar a eleição de Obama à Casa Branca. Ao mesmo tempo, porém, o governo cubano demonstrou cautela acerca das possibilidades de mudança que Obama propôs durante sua campanha. Pouco tempo após a celebração do 50º aniversário da Revolução Cubana, e poucas semanas antes da posse de Obama, Raúl Castro, ministro da Defesa e irmão mais novo de Fidel que o havia sucedido como presidente aproximadamente um ano antes, declarou à televisão estatal cubana que o novo presidente dos Estados Unidos tinha provocado "esperanças excessivas". Raúl sinalizou que, quando se trata de uma possível reaproximação entre Cuba e o novo governo, "nós não estamos com pressa, nós não estamos desesperados" (Booth, 2009).

Durante o primeiro ano de governo Obama a política dos Estados Unidos para Cuba consistiu em um cabo de guerra entre esperança e cautela, tendo a cautela finalmente prevalecido em ambos os lados do estreito da Flórida. Esse resultado, embora não totalmente inesperado, é algo surpreendente, considerando-se que tal continuidade imediatamente seguiu um período em que tanto os Estados Unidos quanto Cuba viviam grandes transições em suas lideranças. Em fevereiro de 2008, Fidel Castro se aposentou da presidência cubana e entregou as rédeas a seu irmão mais novo, Raúl, o qual se esperava que fosse mais pragmático e aberto ao diálogo com os Estados Unidos. Em janeiro de 2009, Obama sucedeu ao presidente George W. Bush, cujas políticas para Cuba eram quase totalmente desenvolvidas para apelar aos exilados linha-dura, anti-Castro, da parte sul da Flórida. Enquanto tais mudanças nas lideranças têm sido acompanhadas por ligeiros aperfeiçoamentos em tom e retórica, tendo ocorrido vários ajustes políticos promissores, o cenário, de uma maneira geral, das relações Estados Unidos-Cuba tem sido deixado praticamente inalterado.

Embora este ensaio seja sobre os novos desenvolvimentos nas relações Estados Unidos-Cuba, o ponto central que gostaria de tratar é que o elemento mais importante da política do Obama para Cuba tem sido a continuidade com os governos anteriores. Do mesmo modo, Raúl Castro não se desviou significativamente do legado de seu irmão Fidel, possuindo uma abordagem mais dura em assuntos relacionados à democracia e aos direitos humanos, provocando confrontos ocasionais com os Estados Unidos. Neste sentido, as relações Estados Unidos-Cuba não se alteraram de maneira significativa. O governo Obama assumiu o poder com amplo apoio da opinião pública e com uma substancial margem de manobra, porém escolheu somente implementar algumas mudanças políticas de pequena escala. Tais medidas, como possibilitar maior número de viagens entre Cuba e os Estados Unidos e abrir diálogos bilaterais em assuntos de imigração, foram, de maneira geral, construtivas, mas não melhoraram substancialmente o quadro político dos Estados Unidos. Apesar de as circunstâncias mudarem em relação à Guerra Fria, os Estados Unidos e Cuba têm construído algum entendimento comum e trilhado um caminho rumo à resolução de algumas questões controversas. Entretanto, antigos hábitos são difíceis de ser mudados. Isto tem sido igualmente verdade no caso de Cuba. A postura punitiva do governo face à blogueira Yoani Sánchez, os insensíveis maus-tratos ao dissidente Orlando Zapata Tamayo, que morreu em uma greve de fome, e a detenção sem acusações de Alan Gross, contratante da Usaid, são exemplos da persistência de uma abordagem severa do regime cubano que faz qualquer aproximação com os Estados Unidos mais difícil.

Em certo grau, a abordagem do governo Obama em relação a Cuba está relacionada aos resultados dúbios das eleições de 2008, principalmente no que diz respeito aos padrões de votação dentro da comunidade cubano-americana em Miami. Obama obteve os 27 votos eleitorais da Flórida com uma margem confortável de mais de 200 mil votos, recebendo 50,9% opostos a 48.4% para John McCain. Porém, McCain venceu Obama em um grupo bastante importante: os cubano-americanos votaram esmagadoramente no candidato republicano, que recebeu uma estimativa de 65% destes votos, comparados aos 35% dos votos para Obama. Tal resultado ainda põe Obama no topo da lista dos candidatos do partido democrático à presidência, em termos de atração dos votos dos eleitores cubano-americanos, mas isto ainda representou uma vitória de 30 pontos para McCain junto a este eleitorado. Uma sondagem feita pela Bendixen & Associates, uma empresa de pesquisa de opinião de Miami, revelou uma forte divisão entre as gerações. Obama recebeu 55% de apoio de cubano-americanos abaixo da idade de 30 anos, enquanto aqueles de 65 anos ou mais votaram 84% em John McCain. Em três importantes disputas para o Congresso, destacando proeminentes republicanos cubano-americanos, estes venceram com facilidade a oposição do Partido Democrata.

As eleições de 2008 demonstraram que as mudanças na opinião pública cubano-americana não geraram ainda um corte decisivo nas políticas históricas de confronto (até os candidatos democráticos apoiaram o embargo), porém isto ilustrou que o isolamento de Cuba estava se fragmentando ainda mais. Além disso, Obama foi o primeiro candidato à presidência a vencer na Flórida desde o fim da Guerra Fria, enquanto fazia campanha com uma plataforma em mudança, mesmo que devagar, na direção de um maior engajamento com Cuba. Ele o fez sem o apoio da comunidade cubano-americana linha-dura. Sua margem no Colégio Eleitoral foi tão substancial que ele não precisou nem dos 27 votos eleitorais da Flórida para ganhar a Casa Branca. Em suma, Obama teve uma vitória significativa em âmbito nacional que poderia romper com a tradicional animosidade que guiava as relações entre os Estados Unidos e Cuba. A questão era se ele iria escolher usá-la e se o regime de Fidel Castro iria responder favoravelmente. Após um período de tentativa de aproximação, Washington e Havana estabeleceram uma trajetória que resultou em um impasse contínuo.

Transformando a estratégia de campanha em política

Durante a campanha presidencial Obama teceu comentários sobre o futuro de Cuba, rompendo com uma linha cuidadosamente traçada sobre a política para Cuba que estava apoiada em três pilares centrais: o apoio à elevação de restrições à capacidade dos cubano-americanos de visitar e enviar dinheiro aos familiares em Cuba, a abertura para um maior diálogo com o governo cubano e a aderência à manutenção do embargo norte-americano. Na época, ele recebeu aplausos de uma série de eleitores, incluindo críticos ao embargo que estavam ansiosos para ver qualquer abertura, mesmo que pequena, em relação a Cuba, assim como os grupos cubano-americanos mais moderados que ficaram satisfeitos em receber direitos especiais de viagem para a sua comunidade, enquanto a proibição para outros americanos foi mantida, assim como as restrições ao comércio e aos investimentos dos Estados Unidos na ilha.

As mudanças nas lideranças de ambos os países, as novas atitudes na comunidade cubano-americana e o aumento da pressão internacional sobre os Estados Unidos para adotar uma política mais construtiva em relação a Cuba foram fatores que prepararam o caminho para uma série de pequenas mudanças nas relações entre os dois países. Em seu discurso de posse, Obama prometeu aos regimes autoritários do mundo que: "nós estenderemos a mão se estiverem dispostos a descerrar seus punhos". De fato, o governo Obama logo foi forçado a lutar contra um *tsunami* de pressões para se envolver mais com Cuba, incluindo relatórios de influentes *think tanks* como a Brookings Institution, o Council on Foreign Relations e a Inter-American Dialogue, incluindo também pronunciamentos de generais norte-americanos aposentados, líderes da Igreja, grupos cubano-americanos moderados e proeminentes organizações de direitos humanos. Richard Lugar, o senador do estado de Indiana que é o líder republicano no Comitê de Relações Exteriores do Senado, divulgou um relatório influente que criticou fortemente a política atual dos Estados Unidos e sugeriu uma maior abertura do comércio, bem como o aumento de contatos diplomáticos e culturais, embora não tenha chegado a pedir a revogação completa das sanções dos Estados Unidos. A própria crítica de Lugar sobre a abordagem dos Estados Unidos era clara: "o embargo unilateral a Cuba não conseguiu atingir seu objetivo de levar a democracia ao povo cubano", ele escreveu. "Devemos reconhecer a ineficácia da nossa política atual e lidar com o regime cubano de forma que enfatize os interesses dos Estados Unidos" (Lugar, 2009). Um funcionário do Departamento de Estado declarou ao *The New York Times* que a crescente pressão para mudar a política dos Estados Unidos para Cuba havia se tornado um "rolo compressor" e que o governo Obama estava "tentando dirigi-lo, ao invés de ser atropelado por ele" (Thompson, 2009).

De fato, foi inicialmente o Congresso dos Estados Unidos – e não o governo Obama – que definiu o ritmo da mudança. Logo no início da nova legislatura, os corredores do Congresso foram mais uma vez inundados com as propostas legislativas para introduzir novas brechas ao embargo ou desfazê-lo inteiramente, propostas como o The Free Trade with Cuba Act, The Cuba Reconciliation Act, The Export Freedom to Cuba Act, e o The United States-Cuba Normalization Act. Em particular, a crítica parecia se concentrar na lei que normaliza a liberdade para viajar para Cuba (Freedom to Travel to Cuba Act). O projeto de lei, introduzido pelo senador Byron Dorgan, de Dacota do Norte, pediu a revogação total da proibição de viajar e foi apoiado por 24 membros. O representante de Massachusetts, Bill Delahunt, apresentou um projeto complementar na Câmara dos Deputados que foi apoiado por mais de 160 membros.

O governo Obama ficou, de forma geral, fora das disputas iniciais do Congresso, porém a temática de Cuba era acompanhada por altos funcionários do governo durante os preparativos para a Cúpula das Américas, uma grande reunião dos 34 líderes eleitos do hemisfério ocidental, marcada para se realizar em Trinidad e Tobago em meados de abril de 2009. Poucos dias antes da chegada prevista de Obama na Cúpula das Américas o seu governo moveu-se para cumprir uma promessa-chave da campanha eleitoral, revogando as restrições às viagens e remessas de dinheiro de cubano-americanos para familiares em Cuba. O governo também autorizou as empresas dos Estados Unidos a oferecer serviços de telecomunicações a Cuba, concretizando assim uma medida que tinha sido considerada pelo governo Bush antes do término do mandato, sob a premissa de que as comunicações livres serviriam para mobilizar a democracia de base em uma ilha onde apenas um em cada 10 moradores tem acesso a uma linha telefônica, e onde o uso do telefone celular foi estimado em 3% em 2008. Embora os defensores do fim do embargo tenham elogiado a decisão, adversários de Obama argumentaram que a mudança foi um "erro grave", pois "concessões unilaterais à ditadura incentivam-na a isolar mais ainda, aprisionar e brutalizar os ativistas pró-democracia" (Shear e King, 2009).

Acerca do contexto regional

Quando o presidente Obama chegou à Cúpula das Américas havia expectativa em ver o novo presidente dos Estados Unidos se encontrar com muitos dos líderes da América Latina e do Caribe pela primeira vez. Sua visita a Trinidad tinha sido precedida por uma grande quantidade de atividades relacionadas a Cuba. Os políticos pertencentes ao grupo de legisladores da frente que trata da questão negra no Congresso tornaram-se os primeiros políticos dos Estados Unidos a se reunir com Fidel Castro desde que o envelhecido líder cubano adoeceu há três anos. O governo Obama revogou as restrições sobre a possibilidade de cubano-americanos viajarem de volta para Cuba e enviarem dinheiro para suas famílias que vivem na ilha, incitando Raúl Castro a declarar: "nós mandamos a mensagem para o governo dos Estados Unidos em particular e em público, que estamos dispostos a discutir tudo, direitos humanos, liberdade de imprensa, presos políticos, tudo". Em uma conferência de imprensa a caminho da cúpula, Hillary Clinton anunciou: "nós continuamos à procura de formas produtivas, nós consideramos a política atual como tendo falhado. Damos boas-vindas aos seus comentários e à abertura que eles representam, e nós estamos considerando de uma forma muito séria como vamos responder". Na cúpula, Obama disse aos outros líderes:

> nos últimos dois anos, eu indiquei, e repito hoje, que estou preparado para engajar meu governo com o governo cubano em uma ampla gama de questões – de drogas, migração e questões econômicas, aos direitos humanos, liberdade de expressão e reformas democráticas. Agora, deixe-me ser claro, eu não estou interessado em falar apenas por uma questão de falar. Eu acre-

> dito que podemos mover as relações entre os Estados Unidos e Cuba em uma nova direção.

Durante uma conferência de imprensa ao final da cúpula, Obama fez sugestões concretas sobre como o governo de Fidel Castro deveria reagir: "Eles poderiam libertar os presos políticos. Eles poderiam reduzir os encargos sobre as remessas. Isso seria um exemplo de cooperação onde ambos os governos estariam trabalhando para ajudar as famílias cubanas e aumentar a qualidade de vida em Cuba" (Robles, 2009). Obama também afirmou que a liberdade para o povo cubano continua o objetivo mais importante dos Estados Unidos no envolvimento com a ilha, dizendo: "Esse é o nosso ímã. Essa é a nossa Estrela do Norte" (Barrionuevo e Stolberg, 2009). Dentro de poucos dias, no entanto, Fidel Castro escreveu:

> não há dúvida de que o presidente interpretou mal a declaração de Raúl. Quando o presidente de Cuba afirmou que está disposto a discutir qualquer tema com o presidente dos Estados Unidos, ele quis dizer que ele não tem medo de abordar qualquer assunto. Isso mostra sua coragem e confiança nos princípios da Revolução (Neill, 2009).

Em junho de 2009, o governo Obama foi forçado a enfrentar a desaprovação regional dos esforços dos Estados Unidos para isolar Cuba quando a Assembleia Geral da Organização dos Estados Americanos (OEA) considerou uma resolução que prevê a readmissão de Cuba ao grupo. Desde que Cuba foi inicialmente suspensa da OEA em 1962, o governo de Fidel Castro e o sistema interamericano vinham agindo como dois parceiros distantes, sofrendo com um amargo divórcio. Fidel Castro tem reiteradamente denunciado a OEA como um instrumento do imperialismo, centrando suas preferências em novos parceiros multilaterais, como o Movimento de Países Não Alinhados ou a Alternativa Bolivariana para as Américas (Alba). A OEA, por sua vez, manteve certa distância nas relações com Cuba, com medo de deixar o país próximo, pois isso desencadearia uma disputa com os países da organização, particularmente com os Estados Unidos. Uma vez que a OEA moveu-se para reincorporar Cuba, mesmo este gesto presumidamente construtivo revelou que Cuba e o sistema interamericano permanecem profundamente distantes.

Cuba foi um dos países fundadores da OEA em 1948, porém o governo de Castro foi excluído em 1962 devido a objeções dos Estados Unidos para com a atitude de Cuba adotar o comunismo, quando o movimento para bloquear Cuba da OEA foi apoiado pela maioria dos países latino-americanos. Isso levou a uma situação peculiar em que o governo Castro foi impedido de participar das atividades da OEA, porém Cuba ainda era considerada um dos 35 Estados-membros da OEA. Após o fim da Guerra Fria e as transições para a democracia no restante da América Latina, a razão da exclusão de Cuba mudou da questão das divisões geopolíticas para o estabelecimento de um governo democrático como um requisito estrito para a adesão à OEA. Isto marcou uma ruptura brusca com as práticas da instituição durante a Guerra Fria, quando vários países eram governados por ditaduras, mas continuavam a possuir plenos direitos como membros da OEA. Em 2001, os Estados-membros da OEA ratificaram a Carta Democrática Interamericana, a qual estabelece a democracia como um requisito para entrar na OEA, construindo uma nova barreira para a adesão de Cuba na ausência de mudanças políticas substanciais.

Contra a vontade do governo Obama, a Assembleia Geral da OEA adotou a questão de Cuba e, depois de uma longa negociação, revogou a suspensão e aprovou as diretrizes para um futuro diálogo entre a OEA e Cuba. Esta decisão foi um divisor de águas, mesmo que suas implicações a curto prazo sejam difíceis de definir. Confrontados com o fato de que cada país latino-americano adotou a opinião de que Cuba deve ser incorporada em instituições e discussões ocidentais, os Estados Unidos tiveram pouca escolha a não ser seguir a medida que encerrou a suspensão de Cuba do organismo. Ainda assim, Washington ganhou a importante concessão de que Cuba teria de aderir às "práticas, aos propósitos e princípios da OEA", tais como as normas democráticas, as eleições livres e justas e uma imprensa livre. O secretário-geral José Miguel Insulza, um grande defensor da reincorporação de Cuba à OEA, elogiou e considerou a decisão "histórica" e declarou que "o cadeado está fora da porta".

Sendo a principal instituição multilateral do Ocidente, a Organização dos Estados Americanos poderia, potencialmente, desempenhar um papel importante em trazer Cuba para a comunidade ocidental. Mas a recente decisão da OEA para revogar a suspensão de Cuba não aliviou o sentimento de amargura causado por 47 anos de divórcio. Os esforços para formar uma nova organização regional para a América Latina e para os países do Caribe, o que exclui os Estados Unidos e o Canadá, podem diminuir a influência da OEA a longo prazo. Da perspectiva do governo Obama, no entanto, a decisão da OEA de revogar a suspensão de Cuba desempenhou um papel importante no alívio das tensões dos Estados Unidos com a América Latina acerca da política para Cuba e na diminuição dos gritos dos líderes ocidentais para suspender o embargo.

Legados da Guerra Fria e casos controversos

No primeiro ano do governo Obama os fantasmas da Guerra Fria continuaram a assombrar as relações entre os Estados Unidos e Cuba. A CIA continuou a acompanhar de perto o estado de saúde de Fidel Castro, e a sua unidade especial de inteligência médica se debruçou sobre as fotografias e trechos de vídeos do líder cubano, que eram periodicamente liberados pelo governo em Havana. O líder cubano claramente não estava pronto para renunciar aos holofotes e deixar Raúl como a única voz do governo cubano, como demonstra o aumento recente no ritmo de Fidel de escrita de "reflexões". Um analista da CIA confiantemente declarou à NBC que havia poucas dúvidas de que Fidel estava morrendo, "só não sabemos quando" (Windrem, 2008).

Enquanto isso, novos problemas jurídicos surgiram para o homem que passou grande parte de sua vida tentando apressar o encontro de Fidel com o túmulo. Em abril, Luis Posada Carriles, o notório militante anti-Castro, foi indiciado por 11 acusações relacionadas a seu suposto envolvimento nos atentados de 1997 em Cuba, os quais danificaram uma série de hotéis e retiraram a vida de um turista italiano. As acusações contra Posada Carriles marcaram a primeira vez que os Estados Unidos ajuizaram uma ação diretamente ligada aos atentados terroristas em Cuba. A nova acusação alegou que ele havia mentido sobre sua atuação ao "solicitar outros indivíduos a realizar os atentados em Cuba", e que ele falsamente negou o fato de que "formulou o envio e de fato enviou um indivíduo chamado Raúl Cruz Leon a Cuba para transportar e carregar explosivos neste país, para realizar tais atentados em 1997". O novo julgamento de Posada Carriles estava inicialmente marcado para agosto, mas posteriormente foi adiado até o ano de 2010, e pode estar sujeito a futuros atrasos, pelo fato de seus advogados discutirem com as autoridades dos Estados Unidos sobre "o uso de material sensível mas não classificado" e em que medida a "associação a longo prazo com as agências dos Estados Unidos de inteligência e de aplicação das leis" por parte de Posada Carriles pode ser apresentada como prova (Weaver, 2009). Como as "reviravoltas" judiciais continuaram, Posada Carriles permaneceu livre em Miami.

Mesmo que os Estados Unidos tenham dado novo fôlego ao processo contra Posada Carriles, outra grande batalha judicial, envolvendo cinco agentes cubanos condenados por espionagem nos Estados Unidos em 2001, acabou por ficar em segundo plano. Em janeiro, os advogados dos cinco cubanos[1] apresentaram uma petição à Suprema Corte dos Estados Unidos alegando que o ambiente político de Miami tornou um julgamento justo impossível e pediram aos juízes para desconsiderar os vereditos e proferir um novo julgamento. A Suprema Corte, liderada pelo seu presidente, John Roberts, não se comoveu. Em junho de 2009, rejeitou a petição, sem justificativas, e terminou a odisseia jurídica dos cinco homens, a qual começou há mais de uma década.

Ainda assim, o governo cubano continuou a pressionar pela libertação de seus "cinco heróis prisioneiros do império". Raúl Castro repetidamente indicou a disposição de negociar uma troca de prisioneiros, segundo a qual Cuba liberaria seus 200 prisioneiros políticos em troca dos espiões. Em dezembro

[1] Os cinco cubanos eram membros de uma rede de espionagem, com sede em Miami, presos em 1998 por monitorar grupos de exilados cubanos e instalações militares dos Estados Unidos. Eles foram condenados e sentenciados a uma longa pena de reclusão nos Estados Unidos e seu retorno a Cuba se tornou um item importante da agenda do governo cubano.

de 2008, Castro se pronunciou acerca do governo do presidente recém-eleito Barack Obama: "se eles querem os dissidentes, vamos enviá-los amanhã, com suas famílias e tudo, mas deixem voltar nossos cinco heróis para nós". De acordo com o defensor dos direitos humanos Elizardo Sánchez, os dissidentes cubanos ficaram horrorizados com a perspectiva de serem trocados em uma negociação como esta. "É quase unânime entre os presos que estes não sejam trocados por militares presos em flagrante em atividades de espionagem nos Estados Unidos", asseverou Sánchez. "Eles preferem ficar na prisão" (Snow, 2009). Porém os dissidentes tinham poucos motivos para se preocupar em ser utilizados para esse propósito. Os cinco cubanos pareciam destinados a permanecer atrás das grades, mesmo que o fervor anti-Castro da comunidade de Miami tivesse começado a desaparecer.

Ainda assim, as brasas da Guerra Fria entre os Estados Unidos e Cuba continuaram a arder. Em 4 de junho de 2009, Washington foi abalada por um novo caso de espionagem, quando um ex-funcionário do Departamento de Estado, Walter Kendall Myers, e sua esposa, Gwendolyn, foram indiciados por acusações relacionadas à espionagem para Cuba de Fidel Castro. Sua prisão, que explodiu nas primeiras páginas logo após as discussões sobre Cuba na Cúpula das Américas, destacou mais uma vez como os fantasmas da Guerra Fria se recusaram a ficar em silêncio. Em novembro, Kendall Myers se declarou culpado de conspiração para cometer espionagem e de duas acusações de fraude, sendo condenado à prisão perpétua, enquanto sua esposa Gwendolyn foi sentenciada de seis a sete anos de prisão por acusações relacionadas.

Em 4 de dezembro, as autoridades cubanas detiveram Alan P. Gross, um funcionário da Usaid de 60 anos de idade, alegando que Gross estava agindo como um agente não registrado provocando desestabilização e subversão. Autoridades dos Estados Unidos pediram a Cuba para que liberte Gross, que ainda não foi formalmente acusado de um crime, e afirmam que ele simplesmente distribuía produtos eletrônicos, a fim de conectar melhor o povo cubano a redes de comunicação globais. Na época de sua prisão, Gross estava trabalhando em parceria com a Development Alternatives Inc., uma empresa de Bethesda que contrata projetos de desenvolvimento ao redor do mundo. O portfólio da empresa para Cuba foi financiado pelo governo dos Estados Unidos, que gastou milhões na última década na promoção da democracia em Cuba.[2]

Abrindo as portas ao diálogo

A partir de abril de 2009, o governo Obama implementou diversas mudanças nas leis que regulam as viagens e o compromisso financeiro com Cuba. Em 13 de abril, a Casa Branca anunciou que iria trabalhar para eliminar as restrições às viagens familiares e remessas a Cuba, ampliando a definição de família para tais fins. Iria permitir também que empresas de telecomunicações oferecessem maior acesso a essas redes dentro de Cuba; ampliar a definição de mercadorias que podem ser legalmente doadas às pessoas em Cuba (Fact sheet, 2009). O principal resultado dessas mudanças foi o aumento dramático de viagens a Cuba pelos cubano-americanos, a quem Obama caracterizou como os melhores embaixadores da democracia (Fact sheet, 2009). Enquanto a regulamentação

[2] O orçamento para o programa de democracia em Cuba cresceu de US$ 3,5 milhões em 2000 para mais de US$ 45 milhões até o final do governo Bush. O presidente Obama continua a apoiar a promoção da democracia em Cuba, porém ele cortou o orçamento para US$ 20 milhões anuais.

relativa às viagens familiares e remessas não teve efeito até 3 de setembro, as declarações iniciais de Obama enviaram um sinal de que o Escritório de Controle de Ativos Estrangeiros, Office of Fereign Assets Control (Ofac), seria mais tolerante com os pedidos de engajamento com Cuba do que com seu antecessor.

Dentro do Departamento do Tesouro, esses anúncios tiveram dois efeitos. O primeiro foi uma expansão de licenças específicas concedidas para viagens a Cuba dentro das 10 categorias previstas nos regulamentos Ofac.[3] Até agosto de 2009, o Ofac autorizou 21 licenças públicas aos grupos dos Estados Unidos para espetáculos ou eventos de atletismo em Cuba, igual ao número total aprovado em 2008. Em 2007, o Ofac aprovou apenas sete licenças.[4] A expectativa de um quadro regulatório mais favorável para as viagens a Cuba incentivou um aumento dos pedidos, mas era muito cedo para dizer se isso se traduziria em uma mudança política sustentada.

Dos grupos que receberam permissão especial para viajar para Cuba sob as diretrizes mais flexíveis do Ofac, o pedido do músico colombiano Juanes recebeu atenção especial. O vencedor do Grammy Latino, por 17 vezes, propôs liderar um concerto com outros artistas, intitulado "Paz sem Fronteiras", na famosa Plaza de la Revolución, em Havana. Este não seria o primeiro grande concerto de música pop a ocorrer em Havana (o que inclui o "Havana Jam", de 1979, com Steven Stills, Kris Kristofferson, Rita Coolidge e Billy Joel, e o evento de 1999, "Ponte para Havana", com Mick Fleetwood, Bonnie Raitt, Jimmy Buffet e o The Police), mas provou ser

[3] Tais categorias estão disponíveis em: <www.ustreas.gov/offices/enforcement/ofac/programs/cuba/cuba.pdf>.

[4] David Adams, "Cracks open in U.S. cultural wall around Cuba". *St. Petersburg Times*, 14 ago. 2009.

o evento em que as pessoas mais compareceram. A reação dentro da comunidade cubano-americana de Miami foi dúbia. O roqueiro colombiano recebeu ameaças de morte e um grupo de baderneiros anti-Castro esmagou dezenas de seus CDs com um rolo compressor em um protesto simbólico. Mas muitos cubano-americanos, especialmente entre as gerações mais jovens, favoráveis ao concerto de Juanes, e centenas, senão milhares de exilados, retornaram para Cuba para comparecer ao concerto.

Enquanto o governo Obama não se pronunciou sobre os planos de viagem de Juanes (um cidadão colombiano), uma licença especial do Ofac foi necessária para sua equipe, juntamente com o equipamento, fazer a viagem de 90 milhas através do estreito da Flórida. O governo concedeu a licença, mas tentou manter uma distância política segura. Em sua entrevista para a Univision, o presidente Obama foi questionado sobre o impacto do concerto de Juanes em Cuba: "Meu entendimento é que ele é um músico extraordinário", disse o presidente. "Ele faz uma apresentação muito boa. Eu certamente não acho que isso fere as relações entre os Estados Unidos e Cuba." Ainda assim, ele chamou a atenção dos espectadores a não "exagerar o grau em que isso ajuda" (Haven, 2009). Juanes possuía observações complementares para o presidente: "este é o momento certo para começar algo", disse ele. "No governo passado, com certeza não estávamos falando sobre isso. Mas neste governo, com Obama como presidente, eu acredito que será diferente" (Rock star, 2010).

Embora o concerto de Juanes tenha sido aceitável para ambos os governos, dos Estados Unidos e de Cuba, outros atritos têm surgido na área do intercâmbio cultural. O cantor guatemalteco Ricardo Arjona abandonou seus planos para um concerto em Cuba, depois de testemunhar a "guerra de palavras" que Juanes travou com Miami acerca do concerto "Paz sem Fronteiras". A Filarmônica de Nova York, que havia recebido uma licença de viagem para se apresentar no Teatro Amadeo Roldán, em Havana, em outubro de 2009, foi forçada a cancelar seus planos depois que o Departamento do Tesouro proibiu os patrocinadores das viagens de acompanhar os músicos à Havana. Em contrapartida, em fevereiro de 2008, a orquestra de Nova York se apresentou em Pyongyang, na Coreia do Norte. Ironicamente, foi mais fácil para a Filarmônica se apresentar em um país considerado parte do "Eixo do Mal", durante o governo Bush, do que foi para o grupo realizar uma missão semelhante em Cuba sob o governo Obama.

Como candidato à presidência, Obama afirmou e defendeu fortemente suas intenções de dialogar com os adversários dos Estados Unidos como um elemento central de sua plataforma para a política externa. No entanto, sua preferência pelo diálogo foi marcadamente mais comedida em relação a Cuba, embora tenha dito que iria encorajar a diplomacia direta, sem pré-requisitos, "mas apenas quando tivermos uma oportunidade para promover os interesses dos Estados Unidos, e fazer avançar a causa da liberdade para o povo cubano" (Remarks, 2008). Desde sua eleição, o presidente veio incentivando funcionários do governo de menor escalão a expandir seus contatos com os cubanos.

Sob o governo Bush, o maior nível de comunicação direta entre o governo dos Estados Unidos e os funcionários cubanos ocorreu entre os oficiais militares em reuniões mensais na divisa entre o território cubano e a base naval da Baía de Guantánamo. Os funcionários dos dois países discutiram questões relacionadas com a meteorologia, bem como viagens aéreas e marítimas. Obama adicionou algumas questões a mais nesta pequena agenda, incluindo assuntos de imigração, a retomada do serviço de correio e coordenação de esforços de ajuda humanitária em resposta ao terremoto ocorrido no Haiti, em janeiro de 2010. Em novembro de 2009, Obama respondeu a várias perguntas colocadas pela já citada blogueira cubana Yoani Sánchez e mais uma vez ressaltou a importância de ações afirmativas do governo cubano na ampliação do diálogo bilateral:

> Já iniciamos um diálogo sobre questões de interesse mútuo – segurança, ordem e migração legal, e o restabelecimento do serviço de correio direto. Estes são pequenos passos, mas uma parte importante do processo para mover as relações entre Estados Unidos e Cuba em uma nova e mais positiva direção. Conseguir uma relação mais normal, no entanto, vai exigir ação por parte do governo cubano (Sanchez, 2009).

Em julho de 2009, o subsecretário para Assuntos do Hemisfério Ocidental, Craig A. Kelly, reuniu-se com os cubanos em Nova York para discutir os acordos migratórios entre os Estados Unidos e Cuba, pela primeira vez desde 2003. Em setembro, Bisa Williams, subsecretária para Assuntos do Hemisfério Ocidental, viajou para Havana para reuniões com o governo cubano, tratando também da temática do concerto de Juanes. Inicialmente, Williams foi chamada a Cuba para discutir a retomada do serviço de correio direto entre os dois países – desde 1963 as correspondências têm sido enviadas via um terceiro país –, mas Williams ficou um total de seis dias e se reuniu com o vice-ministro das Relações Exteriores Dagoberto Rodríguez, bem como com outros funcionários do governo para discutir questões políticas e econômicas (Sheridan, 2009). Williams foi a mais alta funcionária do governo a visitar Cuba desde 2002. Em fevereiro de 2010, funcionários dos Estados Unidos viajaram novamente a Cuba para participar de uma segunda reunião sobre questões migratórias. O propósito declarado de ambas as reuniões é a implementação bem-sucedida dos acordos migratórios entre Estados Unidos e Cuba, porém tais negociações podem também proporcionar uma oportunidade para os dois governos discutirem outras questões de importância mútua. Houve também uma série de mudanças simbólicas na abordagem dos Estados Unidos. Em julho de 2009, a sessão de interesses dos Estados Unidos em Havana desligou o grande letreiro eletrônico que exibia citações de notáveis personalidades dos Estados Unidos e de Cuba sobre democracia e liberdade. Quando foi erguido em 2006, o governo cubano respondeu bloqueando as mensagens com 138 grandes bandeiras pretas – um memorial às vítimas do imperialismo dos Estados Unidos. Da mesma forma, quando Obama tomou a decisão de desligar o letreiro eletrônico, o governo cubano retirou as bandeiras. Apesar destes sinais positivos de Washington e Havana, as relações entre Estados Unidos e Cuba ainda não conseguiram alcançar o "novo começo" prometido por Obama em seu discurso na Cúpula das Américas durante os primeiros meses de seu governo. As aberturas dos Estados Unidos têm sido incertas, guiadas por uma lógica de que qualquer mudança política importante deve ser precedida por concessões significativas de Cuba rumo a uma maior democracia e direitos humanos, até agora ausentes.

O futuro de Cuba na balança

Barack Obama é o 11º presidente dos Estados Unidos a enfrentar o regime de Fidel Castro na liderança de Cuba, e seu governo permanece preso entre impulsos conflitantes em termos da definição da sua política para este país. O objetivo do embargo dos Estados Unidos é restringir recursos do governo cubano. No entanto, as isenções do Congresso para o comércio agrícola transformaram os Estados Unidos no quinto maior parceiro comercial de Cuba, enquanto os cubano-americanos enviam centenas de milhões de dólares de volta para suas famílias na ilha, a cada ano. Sucessivos governos nos Estados Unidos dispuseram de milhões de dólares para construir grupos de oposição interna em Cuba, mas a lei de imigração em vigor concede o direito de residência a todos os cubanos que chegam em solo americano, o que permitiu que o governo Castro exportasse, de forma sistemática, aqueles que seriam seus mais prováveis opositores. Dezenas de milhões de dólares foram gastos em transmissões de rádio e da TV Martí, destinadas a romper o "bloqueio informativo" do regime de Castro, porém, o cidadão médio americano ainda está proibido de viajar para a ilha, apesar do fato de que os contatos entre as pessoas têm o potencial de fornecer informações importantes sobre o mundo exterior. O governo Obama não mudou a designação de Cuba como um "Estado patrocinador do terrorismo", mesmo que o relatório de acompanhamento do Departamento de Estado tenha descrito Cuba como um país que "já não apoia ativamente a luta armada na América Latina e em outras partes do mundo" (Country, 2009). E o governo Obama, que apresentou uma ênfase especial na diplomacia multilateral, tem repetidamente se confrontado com o fato de que praticamente nenhum aliado dos Estados Unidos apoia a continuação do embargo a Cuba.

Encontrar um caminho para sair deste labirinto não será fácil. Obama começou a mover a política para Cuba na direção de um engajamento em pequenos, mas potencialmente importantes assuntos, como permitir um maior contato e viagens entre os cubano-americanos e seus familiares que ainda vivem na ilha. O governo Obama apoiou uma resolução elaborada pelos países latino-americanos para terminar a suspensão de Cuba da OEA, embora com condições importantes para seu retorno. Os dois países reiniciaram as negociações semianuais sobre imigração, que haviam parado sob o governo Bush, que têm o potencial de pavimentar o caminho para um processo mais amplo de diálogo sobre as principais questões políticas e econômicas que separam os dois países. Se tais negociações forem levadas à frente, as "guerras cubanas" de longa data poderiam estar caminhando para algum tipo de *détente*, mas o progresso até o momento é frágil, instável e de forma alguma irreversível.

Apesar de seu potencial inicial, o governo Obama não trouxe um "novo começo" nas relações entre os Estados Unidos e Cuba. As ações do governo cubano têm tornado mais difícil para aqueles nos Estados Unidos que preferem o envolvimento com o país caribenho encontrar um novo entendimento comum. Além disso, enquanto a política instável da comunidade cubano-americana reduziu substancialmente as barreiras políticas para se envolver com Cuba, não existe um claro benefício político do fim dos esforços para punir Cuba por meio de sanções econômicas e isolamento. Mais importante, o governo Obama aceitou a ideia de que o embargo representa uma forma de influência sobre Cuba que deve ser usada para extrair concessões do governo cubano nos assuntos de democracia e direitos humanos. Esta tem sido a abordagem básica dos Estados Unidos em relação a Cuba desde a metade do século passado, ainda exercendo grande atração aos pensadores de políticas públicas dos Estados Unidos, apesar das chances decrescentes de um resultado bem-sucedido. As influências para a continuidade continuam a ser muito fortes em ambos os lados do estreito da Flórida. Mudanças na política interna dos Estados Unidos e o renovado interesse pelo setor privado do país poderiam abrir caminho para novas modificações no Congresso acerca do embargo. Se o governo cubano empreender uma reforma econômica substancial, isto poderia levar a mudanças positivas no campo político, que podem produzir uma resposta favorável por parte dos Estados Unidos. A eventual morte de Fidel Castro poderia, por conseguinte, abrir a possibilidade de um processo de reconciliação. Porém, sem uma grande influência externa, as relações cubano-americanas não parecem propensas a ir muito além do impasse político que definiu a relação bilateral desde a metade do século passado.

Capítulo 6

Haiti: a vida após a sobrevivência

Juan Gabriel Valdés

Não parece exagero dizer que a vida dos haitianos será dividida entre antes e depois do abalo sísmico de janeiro de 2010, cujo impacto em todas as dimensões da sociedade haitiana foi devastador. Entre as consequências da tragédia, a mais dramática e dolorosa foi a perda de cerca de 300 mil vidas humanas, que serviu para ratificar a percepção dos haitianos sobre a inexorabilidade das tragédias na história do país.

As Nações Unidas, por sua vez, viveram uma tragédia única em sua história, após a morte de mais de 100 funcionários da United Nations Stabilization Mission in Haiti (Minustah), incluindo Hedi Anabi, o chefe da missão e representante do secretário-geral. É evidente que o abalo dificultou a reação da organização nos primeiros dias, algo que só mudou com a chegada de Edmond Mulet, seu novo representante. No entanto, a ausência inicial nas ruas das forças da Minustah serviu para mostrar o caráter singular dos haitianos, que em vez de iniciarem uma onda de saques, mostravam enorme coragem ao tentar resgatar os corpos das ruínas.

Vários meses após o terremoto, a destruição física segue onipresente na capital. É difícil calcular o impacto psicológico que significa viver num país com 105 mil residências completamente destruídas, e mais de 200 mil seriamente danificadas, além de 1.300 colégios, 50 hospitais, o Palácio Presidencial, o Congresso Nacional e a maioria dos ministérios destruídos. Os mais de 600 mil que decidiram abandonar a capital não encontraram situação melhor no campo. A agricultura, num território devastado pela erosão, não garante a subsistência. A migração para outras cidades é difícil e incerta. Só pode ser levada a cabo se o governo presta ajuda urgente às populações receptoras de novos habitantes, algo impossível no curto prazo.

Assim, a solução para muitos haitianos tem sido buscar refúgio em grandes acampamentos espalhados por Porto Príncipe. Não obstante, todo esse fluxo de pessoas tem ocorrido em paz. Os temores sobre um possível retorno ao caos que assolava a cidade durante o começo da Minustah tem se provado infundados. Tal como informa o relatório recém-entregue ao Conselho de Segurança da Organização das Nações Unidas (ONU), "O povo haitiano tem reagido com admirável dignidade" (United Nations, 2010).

No entanto, a situação pode piorar. Nos próximos meses, o perigo de furacões e inundações será a principal preocupação. O translado dos refugiados a lugares mais seguros se transforma numa urgência imediata, o que será difícil não só porque isso requer uma aceleração na construção de vivendas, algo quase impossível neste momento, mas também pelo fato de que a maioria dos refugiados vive uma situação radicalmente diferente. Muitos nunca contaram com tanta atenção policial, acesso a eletricidade, água potável, alimentos e, em alguns casos, atenção médica. Durante os últimos meses diversos atores internacionais, assim como o próprio governo haitiano, têm-se empenhado na provisão de tais benefícios, de modo que será difícil persuadir muitos dos refugiados da necessidade de se transladarem a lugares mais seguros.

Um período de otimismo

O terremoto abalou a sociedade haitiana num momento em que, após três anos do retorno a um regime constitucional, os primeiros sinais de melhoria pareciam visíveis. Ainda que com alguns problemas, o presidente Preval havia estabilizado o processo político, recuperado a confiança dos atores econômicos e introduzido no Congresso reformas constitucionais que buscavam resolver os conflitos entre poderes que haviam paralisado o governo no passado. Em 2008, a alta dos preços do petróleo e dos preços dos alimentos provocou a queda do governo do primeiro-ministro Jacques Edouard Alexis e o governo seguinte teve caráter efêmero. Já o governo de Preval, embora não tivesse maioria no Congresso, não se viu ameaçado por um processo desestabilizador. A indicação de Jean Max Bellerive, político com experiência e autoridade, tem se mostrado um fator determinante na reconstrução do país e na reconquista da confiança da comunidade internacional no Haiti.

Mas a inevitável postergação das eleições legislativas que deveriam ocorrer em fevereiro deste ano complicou o desenvolvimento institucional. De um lado, deixaram sem confirmação a nomeação do primeiro-ministro; de outro, se prolongou o período de ratificação da reforma constitucional proposta por Preval, aprovada em primeira instância pelas Câmaras em setembro de 2009. Esta reforma incluiu questões importantes para o Haiti, como a possibilidade de dupla nacionalidade, o que facilitaria a participação da diáspora haitiana no processo político e econômico do país; a redução da frequência de eleições, que têm representado um custo excessivo para a comunidade internacional; a reformulação do Conselho Eleitoral, a modificação do processo de ratificação do primeiro-ministro; e a criação de novas forças armadas, reformas imprescindíveis para que o Haiti conserve a ordem pública quando a Minustah deixar o país (Haiti, 2010).

Nos últimos anos, a economia haitiana mostrou sinais incipientes de crescimento, fruto de uma administração que tem recebido o aval de diversas organizações internacionais. A maior responsabilidade na governança do país teve como resultado o retorno ao Haiti do principal ator do hemisfério: os Estados Unidos. Washington manteve perfil baixo após a queda do presidente Aristide, não só por sua participação no ato como por sua dedicação à Guerra do Iraque. A eleição do presidente Obama, mas, acima de tudo, a indicação do presidente Clinton como "enviado especial" das Nações Unidas para o Haiti mostraram uma nova atitude dos EUA com seu vizinho mais pobre.

Ao mesmo tempo, com o apoio da missão das Nações Unidas, a vida institucional do país parecia melhorar e o calendário eleitoral se cumpria com rigor e calma. Naturalmente, nada disso significava que o presidente Preval tivesse conseguido superar a enorme precariedade do Estado haitiano, ou que a Minustah tivesse realizado com êxito a tarefa de coordenar as agências internacionais lançando um programa coerente de desenvolvimento conforme seu mandato. O governo continuava privado de meios de controle que lhe permitissem atuar sobre todo o território e a cooperação internacional se via impossibilitada de avançar além de sua fase inicial estabilizadora. Inclusive a formação da forças policiais, entregue à cooperação internacional, tomava muito mais tempo do que o previsto. A polícia continuava mal equipada e carecia do número de membros necessários. O sistema carcerário do país era extremamente precário, 90% dos presos não tendo passado por um tribunal. Além disso, 70% da população não tinham acesso a água corrente e viviam com menos de US$ 2 por dia.

É normal que muitos encarem a tarefa de reconstrução do Haiti com enorme ceticismo. De fato, só um plano de desenvolvimento imposto por uma autoridade legítima e plenamente financiado e com o apoio da comunidade internacional pode realizar esta tarefa. Para muitos, o estado do Poder Judiciário é o fator mais crítico e determinante para a debilidade institucional do país. "O estado disfuncional do sistema judiciário haitiano tem impedido a implementação de reformas democráticas desde o colapso da ditadura de Duvallier", segundo um relatório do International Crisis Group, e sua reforma enfrenta problemas, tais como: "incompetência dos juízes; inexistência de arquivos criminais; períodos prolongados de detenção prévia; juízes mal remunerados; infraestrutura inadequada e carência de apoio logístico; falta de independência judicial; leis antiquadas e falta de advogados de defesa" (International Crisis Group, 2007). É evidente que para enfrentar com êxito um tema como este é necessária uma política de desenvolvimento integral do país.

É nesse quadro que a catástrofe assola o Haiti. Após os furacões e as inundações de 2008, um terremoto que, em menos de três minutos, destrói além de 300 mil vidas, como também 65% da atividade econômica do país, um dano que equivale a 120% do PIB haitiano de 2009 (Action Plan, 2010). Com a extraordinária reação de solidariedade global e a extensa mobilização dos meios de comunicação, houve um enorme esforço para apoiar as vítimas da catástrofe, e vários foram os desafios.

A reconstrução do país

Três meses após o terremoto, a comunidade internacional se reuniu nas Nações Unidas em Nova York para conhecer o chamado *Plano de ação para a reconstrução e o desenvolvimento nacional do país* (Action Plan, 2010:3), um documento de 53 páginas no qual o governo haitiano, com o apoio de técnicos de diversos países, estabeleceu a dimensão dos danos e sua proposta para encarar o futuro do país.

A catástrofe tornou evidente a precariedade da estrutura física do país. Assim, se afirma que "a reconstrução deve buscar resolver as áreas de vulnerabilidade, de modo a impedir que uma catástrofe de semelhantes dimensões ocorra novamente". Logo, com o subtítulo "Compartilhamos um sonho", o informe faz um balanço e destaca seu objetivo mais ambicioso:

> A situação que enfrenta o país é difícil, mas não é desesperadora. Em muitos sentidos representa uma oportunidade para unir haitianos de todas as classes e origens na tarefa comum de reconstruir o país sob outras bases. Ninguém se livrou desta tragédia, e portanto ninguém está autorizado a agir individualmente. Devemos construir esta nova solidariedade que esperamos que resulte numa mudança de comportamento e de atitude (Action Plan, 2010:5).

A proposta era, portanto, transformar a tragédia em oportunidade para "refundar o país". Apesar das críticas ao papel do presidente Preval, durante os primeiros dias após o terremoto, este propósito demonstra ambição e vontade política de enfrentar as dificuldades, pois a proposta não tem uma dimensão puramente retórica. O que se propõe é uma política de "devolução e descentralização", criando "polos de desenvolvimento": centros urbanos pequenos e descentralizados que permitam reduzir a concentração populacional de Porto Príncipe. Ao mesmo tempo, propunha a recuperação do campo e da agricultura como forma de enfrentar a erosão dos solos, recuperar o meio ambiente e permitir uma vida produtiva à maioria dos haitianos que habitam em condições paupérrimas nos setores rurais.

No entanto, é difícil evitar o ceticismo ante as possibilidades reais destes planos se concretizarem. Não é somente a debilidade estatal que caracteriza o Haiti. Além da fragilidade institucional, é muito difícil que haja consenso político entre os haitianos, e há uma resistência endêmica às autoridades. Por essas razões, é necessário refletir sobre o quanto a população haitiana está preparada para assumir um projeto tão ambicioso como o de "refundar" um país. Terá o terremoto gerado o clima psicológico de disciplina coletiva necessário para um esforço nacional desta magnitude?

O plano é dividido em duas etapas. Na primeira, que deverá durar um ano, haverá uma administração de transição "até que a maquinaria estatal esteja operativa". Na segunda, que se estenderá por um período de 10 anos, o objetivo será a elaboração de estratégias de crescimento sustentável e de superação da pobreza. Para tanto, o governo propõe a criação de uma "Comissão Interina para a Reconstrução do Haiti"; de uma "Agência de Desenvolvimento"; e de um "Multi Donor Trust Fund", que preparará um "portfólio de intervenções, programas e projetos" para que a reconstrução do país tenha o financiamento necessário e sua execução seja capaz de realizar os projetos.

Este é provavelmente o ponto mais crítico da proposta. A criação de uma "Comissão Interina para a Reconstrução", presidida pelo primeiro-ministro e por Bill Clinton, e que conta com o apoio de um grupo representativo do haitianos e técnicos internacionais, outorga ao Estado não só o suporte político e técnico necessário, como também uma forma de controle externo sobre os investimentos e a rentabilidade e eficácia destes. Esta comissão ouvirá representantes da Câmara dos Deputados e do Senado do Haiti, representantes da sociedade civil, dos empresários e dos trabalhadores haitianos, além de representantes dos doadores e dos países mais diretamente envolvidos no processo. Constrói assim uma legitimidade interna para a participação da comunidade internacional no processo de tomada de decisões haitiano.

A constituição da comissão já foi aprovada pelo Poder Legislativo e contou com a opinião de diversos atores privados e públicos do Haiti. Embora o documento governamental sublinhe que ao término de seu mandato de 18 meses a comissão passará suas funções à Agência para o Desenvolvimento do Haiti – entidade governamental que se ocupará da coordenação e planificação do desenvolvimento –, a transmissão de responsabilidades não será fácil.

Mas o que é verdadeiramente significativo é a flexibilidade que o documento expressa a respeito de um tema que com frequência tem sido motivo de duras batalhas políticas: a relação entre políticas de desenvolvimento impostas por atores estrangeiros e a soberania haitiana. Apesar do debate, a proposta atual demonstra o convencimento de que a reconstrução do país não será possível sem um molde institucionalizado de associação entre os haitianos e os atores internacionais.

A política no Haiti após o terremoto

Um estudo recente do Programa das Nações Unidas para o Desenvolvimento realizado em março de 2010, em parceria com o Centre de Recherche et de Formation Économique et Social pour le Développement (Cresfed), centro haitiano de investigações sociais, teve por objetivo determinar o quanto a população considerava diferente a situação institucional após o terremoto de 12 de janeiro. Como era esperado, a diferença entre ambos os períodos era percebida como total. Muitos participantes nos grupos focais e nas entrevistas afirmaram que, embora houvesse problemas, o funcionamento das instituições e os serviços durante o período prévio ao terremoto facilitavam suas atividades diárias, enquanto a situação atual era só destruição e abandono. As autoridades haviam desaparecido, e as instituições e os serviços básicos não existiam.

O estudo mostrou também como se reproduziam e aumentavam as desconfianças – tão características da história haitiana – ante o governo e a comunidade internacional. O governo do presidente Preval era tido como inexistente tanto antes quanto depois do terremoto, enquanto acusavam a comunidade internacional de ser partidária e de não coordenar a distribuição de alimentos de modo eficaz. Muitos reconheceram, no entanto, que o terremoto havia gerado uma mobilização internacional a favor do Haiti e que o país não estava em condições de prescindir desta. Outros ressaltavam que o desenvolvimento do Haiti não era tarefa para a comunidade internacional e sim para os próprios haitianos. Ou seja, os haitianos manifestaram uma profunda ambiguidade diante da ajuda externa.

Muitos entrevistados declararam acreditar que reforçar a cidadania, a reestruturação das organizações de base, das prefeituras, dos conselhos e grupos juvenis seria a única forma de reconstruir o país. Estas serviriam como a base necessária para a criação de uma "nova forma de governo", uma "nova mentalidade" e um reagrupamento de forças que se traduzissem em um pacto político de unidade. Assim, é compreensível que as eleições não sejam vistas como algo urgente. Como ressalta o informe, "observa-se uma indecisão ante as próximas eleições, as pessoas estão dispostas a participar, mas consideram o processo eleitoral como uma prioridade de curto prazo".

O estado de ânimo referido no estudo está longe de corresponder ao ânimo necessário para que um povo possa se reerguer como nação. Para vencer o ceticismo, é necessária uma liderança dotada de autoridade e legitimidade, que possa tomar as medidas necessárias para o processo de reconstrução.

Os autores do estudo parecem concordar com este diagnóstico. Num exercício hipotético de construção de futuros cenários políticos, o estudo aponta para distintas possibilidades. Um primeiro caso seria aquele em que as autoridades decidam não agir, não renovando o mandato dos parlamentares e abandonando as emendas constitucionais. O presidente governará por decreto, num quadro em que a população frustrada pela falta de soluções optará pela resignação. As eleições presidenciais não terão respaldo e um presidente sem apoio será eleito. Um quadro ainda mais nefasto seria se, agravando-se o caos político, o país não conseguir prover os alimentos necessários à sua população, que se rebelará e tornará ainda pior a frágil situação.

Outra possibilidade seria o país conseguir solucionar os problemas mais imediatos e ver o apoio ao presidente aumentar. O parlamento seria descartado e o presidente governaria por decreto. Na medida em que o novo esquema garanta a estabilidade, as eleições serão consideradas supérfluas ou inoportunas, abrindo-se uma via para a prorrogação do mandato e o estabelecimento de uma ordem não democrática.

O único cenário positivo seria aquele em que os atores principais chegassem a um acordo sobre os temas constitucionais pendentes: a renovação ou prolongação do mandato do parlamento e as reformas constitucionais. Eleições presidenciais seriam convocadas e as medidas necessárias para a reconstrução do sistema eleitoral seriam tomadas.

> Este acordo político mínimo sobre os procedimentos criaria a estabilidade necessária para evitar que aconteça o pior, mas seria insuficiente para construir a base política necessária para a reconstrução. Para tal, é necessário que a sociedade civil, os atores políticos e o setor privado, com o apoio da comunidade internacional, se comprometam com a reconstrução do país (Haiti 2010, 2010:9).

A realidade é mais difícil

Os cenários apresentados pelo Cresfed dão uma ideia do que pode vir a ocorrer com o Haiti; porém o estudo falha ao não enxergar os benefícios que a comunidade internacional pode proporcionar ao país. Ao invés de vê-la somente como uma força interventora que viola a soberania haitiana, o estudo deveria reconhecer que os atores internacionais podem contribuir para a promoção de acordos políticos e resolução de problemas mais imediatos. No entanto, estes precisam mostrar que são capazes de fazê-lo ao mesmo tempo que respeitam os processos internos do país.

Durante os últimos meses, o governo adotou algumas decisões importantes, tanto em relação ao plano de reconstrução quanto em relação às reformas políticas. Em março, o governo liberou um vasto terreno ao norte de Porto Príncipe para realojar 50 mil famílias. Pouco depois, o presidente anunciou que eleições presidenciais seriam convocadas dentro do prazo constitucional, embora a decisão não conte com o aval de todo o espectro político e precise ser negociada.

Entende-se que manter a legitimidade do Congresso é de suma importância para evitar dúvidas quanto à legitimidade das decisões do Executivo, ainda mais quando o mandato do presidente foi prorrogado. Se bem que hoje em dia a oposição apareça fraca, a sorte na política haitiana costuma produzir mudanças bruscas e por vezes imprevisíveis. As críticas feitas por alguns intelectuais e um grupo de ex-primeiros-ministros contra a prolongação do estado de emergência não parecem contar hoje com um respaldo importante, mas, num contexto de mal-estar social generalizado, podem por certo adquirir uma dimensão maior.

É neste âmbito que a ajuda da comunidade internacional, e principalmente dos Estados Unidos, pode ser crucial. Poucas vezes na história do hemisfério os EUA estiveram na posição de fazer um bem tão grande a um custo tão baixo quanto na atual situação do Haiti. O prestígio do governo Obama entre os haitianos e o conhecimento que o ex-presidente Clinton e a secretária de Estado Hillary têm da evolução política do país poderiam fazer de Washington ator principal na reconstrução do país. Os EUA podem ajudar na reconstrução do país com um programa financeiro rigorosamente planejado, que incorpore qualidade técnica na tomada de decisões, mas que seja elaborado com o consenso das autoridades locais.

Os Estados Unidos devem entender que a qualidade da política haitiana é um requisito necessário para a reconstrução, tão ou mais importante que o apoio financeiro. E isto implica dedicação e esforço na promoção de consenso e harmonia dentro do Haiti, de modo que o país possa enfrentar com prudência e legitimidade as inevitáveis dificuldades que surgirão de uma estrutura social desequilibrada, fragilizada ainda mais pelo terremoto.

A cooperação entre países pode ser feita em estrito respeito ao Estado de Direito e à autonomia dos envolvidos, de modo que a associação entre o Haiti e a comunidade internacional não implica ameaças à soberania do país. No atual momento em que se encontra, é imprescindível uma reconstrução do seu sistema de saúde, educacional, de sua infraestrutura e um plano eficiente de apoio à produção agrícola, e o Haiti é incapaz de realizar estas reformas por sua própria conta. Tais reformas são não só necessárias como também representam uma oportunidade para reformular e consolidar as instituições do país, melhorando a qualidade da gestão pública. Se a tal plano se soma o esforço da sociedade haitiana para reconstruir seu país, será possível a "refundação" a que aspiram hoje as autoridades locais.

Capítulo 7

Obama e o Brasil

João Augusto Castro Neves e Matias Spektor

Quando Obama encontrou Lula pela primeira vez, no início de 2009, seu tom foi de deferência. Seguindo uma linha de comentário herdada do seu antecessor, o novo presidente americano ressaltou as qualidades da "liderança progressiva" do colega brasileiro e das positivas transformações pelas quais passa o Brasil.[1] Entretanto, a conversa inicial entre os dois foi dominada pelas dificuldades na área de biocombustíveis. Os presidentes deram pouca ou nenhuma atenção ao amplo leque de temas em que ambos os países são personagens relevantes e nos quais a ordem global mostra fissuras profundas – comércio internacional, meio ambiente, não proliferação nuclear e arquitetura financeira global. Tampouco houve ênfase na complicada agenda regional. Dois anos mais tarde, agora no governo de Dilma Rousseff, as relações entre

[1] O blog da Casa Branca, em 14 de março de 2009, relatou o diálogo entre os dois presidentes sobre a questão do etanol. Disponível em: <www.whitehouse.gov/blog/2009/03/14/president-obama-a-wonderful-meeting-minds>.

o Brasil e os Estados Unidos são cordiais, mas relativamente distantes e frias.

Isso reflete um padrão histórico. Desde o fim da Guerra Fria, o Brasil foi mais distante dos Estados Unidos do que Argentina, Chile ou México. Os momentos de alinhamento são excepcionais.[2] Da mesma forma, a atitude americana em relação ao Brasil pode ser descrita como uma espécie de indiferença benigna. Nem mesmo as boas relações e a intensificação de encontros de alto nível entre autoridades dos dois países em 2003-2005, durante os governos de Lula e de George W. Bush, foram capazes de alterar significativamente a situação de distanciamento relativo. Os comunicados conjuntos e os memorandos de entendimento produzidos pelos dois governos não foram muito além das boas intenções e das regras da boa convivência. Esse foi o caso do memorando de entendimento para a produção e exportação de etanol e acordos pontuais na área comercial, substituindo a agenda mais ambiciosa de uma Área de Livre Comércio das Américas (Alca).

No decorrer de 2009, a agenda entre os dois países foi crescentemente marcada por divergências referentes ao tabuleiro regional. A posse do presidente Obama ocorreu meses depois da criação de um Conselho de Defesa Sul-Americano (2008) vinculado à União Sul-Americana de Nações (Unasul, criada em 2004). Esse pano de fundo inclui também o projeto de criação do Banco do Sul, ainda em gestação, e o projeto de unir e fortalecer outros mecanismos políticos regionais, como o Grupo do Rio e a Cúpula da América Latina e do Caribe (Calc), e promover a interação destes com outras regiões, em iniciativas como as cúpulas América do Sul-Países Árabes (2005) e Amé-

[2] Os dois principais momentos de aproximação foram ao final da II Guerra Mundial, com o envio de tropas brasileiras à Europa, e nos primeiros anos do regime militar (1964-1967).

rica do Sul-África (2006). A chegada de Obama à Casa Branca também coincidiu com o aparecimento da China como principal mercado para exportações brasileiras, tomando o lugar dos Estados Unidos. Embora o fluxo de comércio seja objeto de flutuações e o ano de 2010 tenha assistido a uma nova ascensão americana na pauta exportadora brasileira, o evento ilustra a leitura comum no Brasil de que a influência americana nas Américas tem trajetória declinante no longo prazo.[3]

Este capítulo lida com as relações entre os Estados Unidos e o Brasil durante o período que coincide com o início do governo Obama e o fim do segundo governo Lula. O objetivo é passar em revista os temas que marcaram a agenda e ilustrar as principais dinâmicas que caracterizam o relacionamento bilateral.

Antecedentes

A eleição de Barack Obama produziu em Brasília um misto de expectativa e incerteza. A surpreendente e veloz trajetória política de Obama sinalizou que as estratégias típicas da era Bush agora seriam revisadas à luz de novas prioridades e de um novo estilo de comando. O problema era que o governo do presidente Lula aprendera a trabalhar com o governo republicano e a manter um diálogo com os Estados Unidos que, em-

[3] Nos dados consolidados de 2009, a China aparece como primeiro destino das exportações brasileiras, importando US$ 20,2 bilhões, 13,2% do total, o que corresponde a um crescimento de 23% em relação a 2008, quando a China aparecia como terceiro importador de produtos brasileiros. Os Estados Unidos, por sua vez, caíram de primeiro para segundo lugar, importando US$ 15,6 bilhões do Brasil, ou 10,2% do total, uma queda de 43,1% em relação a 2008. Em relação às importações brasileiras, os Estados Unidos continuam em primeiro lugar e a China, em segundo. O Brasil importou em 2009 US$ 20 bilhões dos EUA (15,7% do total das importações brasileiras), uma queda de 21,9% em relação a 2008, e US$ 15,9 bilhões da China (ou 12,4% do total), uma queda de 20,6% em relação ao ano anterior. Os dados disponíveis para janeiro e fevereiro de 2010 mostram que os Estados Unidos voltaram a ser o principal parceiro para exportações e importações (fonte: Ministério do Desenvolvimento, Indústria e Comércio Exterior).

bora distante, era percebido em Brasília como fundamentalmente positivo. Na perspectiva brasileira, o período marcado pela presença simultânea de Bush e Lula na cena política pode ser caracterizado como um dos melhores na história recente do vínculo bilateral. Nesse sentido, a relativa indiferença americana em relação ao Brasil, casada com a boa química pessoal entre Lula e Bush, era bem-vinda no Palácio do Planalto.

A relação entre Lula e Bush assistiu a um aumento significativo na frequência de visitas de alto nível entre ambos os lados e o estabelecimento de novos acordos, entendimentos e mecanismos de consulta e cooperação. Em março de 2003, os ministérios dos países reuniram-se formalmente pela primeira vez na história. Três meses mais tarde havia 14 novos mecanismos bilaterais de consulta de alto nível.[4] Secretários de Estado estiveram no Brasil em 2004 (Colin Powell), 2005 e 2008 (Condoleezza Rice). O presidente Bush visitou o Brasil em novembro de 2005 e em março de 2007, deixando um leque de memorandos nas áreas de biocombustíveis, educação e ciência e tecnologia.[5] O presidente Lula visitou Washington

[4] Mecanismos bilaterais de consulta de alto nível criados em 20 de junho de 2003 entre o Ministério da Fazenda do Brasil e o Departamento do Tesouro dos EUA: Grupo de Trabalho para o Crescimento entre o Ministério da Agricultura do Brasil e o Departamento de Agricultura dos EUA; Comitê Consultivo Agrícola Brasil-EUA. Entre o Ministério das Minas e Energia do Brasil e o Departamento de Energia dos EUA: Mecanismo de Consultas Bilaterais sobre Cooperação na Área de Energia. Mecanismos bilaterais de alto nível já existentes entre o Ministério das Relações Exteriores do Brasil e o Departamento de Estado dos EUA: Mecanismo de Consultas Políticas Brasil-EUA (semestral); Reuniões de Consultas Brasil-EUA sobre Segurança (anual); Mecanismo de Consultas Brasil-EUA sobre Crime Organizado (anual); Agenda Comum Brasil-EUA para o Meio Ambiente (anual). Entre o Ministério das Relações Exteriores do Brasil e o Escritório do Representante Comercial dos EUA (USTR): Mecanismo de Consultas Brasil-EUA nas Áreas de Comércio e Investimento (anual). Entre o Ministério da Defesa do Brasil e o Departamento de Defesa dos EUA: Grupo de Trabalho Bilateral sobre Defesa; Conversações entre chefes de Estado-Maior; Conversações entre assessores do Exército; Conversações entre assessores da Marinha; Conversações entre assessores da Aeronáutica. Entre o Ministério da Educação do Brasil e o Departamento de Educação dos EUA: Parceria Brasil-EUA para a Educação (anual). Entre o Ministério das Relações Exteriores do Brasil/Anatel e o Departamento de Estado dos EUA: Consultas Bilaterais sobre Telecomunicações (Fonte: MRE).

[5] Disponível em: <www.mre.gov.br/portugues/imprensa/nota_detalhe3.asp?ID_RELEASE=3353>.

oficialmente em 2002 (ainda como presidente eleito) e duas vezes em 2003, e esteve em Camp David em março de 2007.[6] Nos corredores do Palácio do Planalto não era segredo que Bush era o candidato preferencial do governo Lula na corrida pela reeleição contra o senador democrata John Kerry, em 2004.

O fim do governo Bush também coincidiu com a eclosão da maior crise financeira desde a Grande Depressão e com progressivo desgaste do G-7/8 como principal foro de concertação política internacional em temas financeiros globais. Foi ainda durante a gestão de George W. Bush que o Brasil passou a frequentar esses encontros de maneira mais ou menos sistemática e a fazer parte do grupo de países que debateram uma resposta coordenada à crise, o G-20 financeiro. Quando o Brasil foi convidado a integrar o Comitê de Supervisão Bancária de Basileia no início de 2009, a decisão havia sido tomada previamente à chegada de Obama à Casa Branca.[7] Agora restava saber se o novo presidente americano manteria a atitude de relativa deferência às economias emergentes.

Era natural, portanto, que o fim do governo Bush criasse boa dose de incerteza em Brasília. Afinal de contas, as personagens centrais que vinham gerindo o vínculo bilateral agora mudavam e, com elas, talvez o teor e orientação geral da política externa americana. Isto não significa que o governo do presidente Lula aceitasse tranquilamente as proposições básicas da Doutrina Bush. Ao contrário, tanto Lula quanto seu antecessor manifestaram-se sistematicamente contra a agenda neoconservadora e, em particular, a invasão americana do Iraque em 2003.

---

[6] Disponível em: <www.mre.gov.br/portugues/imprensa/nota_detalhe3.asp?ID_RELEASE=4306>.

[7] Sobre a nova projeção internacional do Brasil, ver "Brasil é convidado para integrar o Comitê de Basileia para Supervisão Bancária" (*Folha Online*, 13 mar. 2009) e "Lula diz que Brasil tem autoridade moral para falar como se cuida de um país" (*Folha Online*, 27 fev. 2009).

Isso dito, o fim da atenção americana para a América Latina depois dos atentados terroristas de 2001 não foi malvisto em Brasília. Ao contrário, a leitura dominante foi a de que esse estado de coisas facilitaria o processo de construção de consensos regionais e novas iniciativas ou instituições sem a presença formal dos Estados Unidos. Sem representar necessariamente uma atitude antiamericana, essas iniciativas buscavam dar vida a novas instâncias de governança regional alternativas aos modelos tradicionais da Organização de Estados Americanos (OEA) ou mesmo do Grupo do Rio. As instituições regionais recém-criadas ou em negociação pretendem atuar de forma sobreposta a organismos hemisféricos existentes, como a OEA, o Banco Interamericano de Desenvolvimento (BID) e mesmo a Junta Interamericana de Defesa (JID).

Ainda que a coexistência desses mecanismos regionais e hemisféricos seja possível sem maiores problemas, a proliferação de novas organizações sem a participação dos Estados Unidos e do Canadá é vista como um avanço positivo na perspectiva brasileira. Na segunda reunião da Calc, realizada em fevereiro de 2010, no México, por exemplo, foi anunciada a criação da Comunidade de Estados Latino-Americanos e Caribenhos, com o intuito de promover um espaço de concertação política e consolidar uma nova identidade regional.[8]

A chegada de Obama na cena ainda não produziu mudanças significativas nas leituras do Brasil. A afirmativa de Obama durante a corrida presidencial de transformar as Américas em modelo de prosperidade e segurança para o mundo foi recebi-

[8] Durante o evento em Cancún, o presidente Lula afirmou que "É importante a gente lembrar que hoje não é um fato histórico menor, é um fato histórico de uma grande dimensão na medida em que estamos conquistando hoje nossa personalidade enquanto região, estamos firmando a personalidade quando decidimos criar uma comunidade da América Latina e do Caribe". *BBC Brasil*, 23 fev. 2010.

da em Brasília como retórica de campanha.[9] Não houve surpresa em Brasília quando a primeira Cúpula das Américas de Obama, realizada em Trinidad e Tobago, em abril de 2009, não resultou no degelo definitivo das relações dos Estados Unidos com Cuba nem criou um ambiente para o desenvolvimento de uma agenda de políticas dedicadas exclusivamente aos países do hemisfério.[10]

Obama, Lula e as relações no hemisfério

Os primeiros 18 meses do governo Obama coincidiram com uma série de problemas regionais de baixa intensidade que terminaram produzindo fricções com o Brasil. Como só aconteceu em poucos casos, o desencontro das posições dos dois países não chegou a produzir crises nem a contaminar o tom geralmente cordial da relação bilateral. Mas não há dúvidas de que o período desde 2009 tem evidenciado a distância fundamental que separa Brasil e Estados Unidos quando o tema é a gestão da ordem regional nas Américas.

Um dos primeiros sinais de Obama em relação ao hemisfério disse respeito à política americana para Cuba. A promessa de abrandamento de restrições comerciais – com medidas como a liberação de visitas a familiares e o envio de remessas de dinheiro por parte de cubano-americanos a parentes em Cuba – serviu para alimentar o clima de otimismo e esvaziar um pouco a retórica antiamericana em alguns países da região. A percepção era a de que a polarização ideológica no hemisfério,

[9] Discurso "Renewing U.S. Leadership in the Americas", proferido pelo senador Barack Obama na Fundação Nacional Cubana Americana, em 23 de maio de 2008. Disponível em: <http://blogs.suntimes.com/sweet/2008/05/obama_latin_america_speech_in.html>.

[10] Sobre a falta de entusiasmo do encontro, ver "Cúpula das Américas termina só com uma assinatura no documento final" (*Folha Online*, 19 abr. 2009).

entre o unilateralismo do governo Bush e o bolivarianismo capitaneado por Hugo Chávez, estaria próxima do fim. Entretanto, a sensação em Brasília foi de que esses gestos não foram suficientes nem impediram a intensificação da pressão de todo o continente para reconduzir o país caribenho à OEA, em julho de 2009. Nos meses que antecederam à revogação da resolução que excluiu Cuba da organização, o Brasil foi um dos principais responsáveis por articular, nos foros políticos regionais, uma defesa mais explícita daquele país. Inicialmente mais resistentes à ideia, os Estados Unidos não se opuseram ao reingresso de Cuba ao sistema hemisférico. Mas a morte decorrente de greve de fome do preso político Orlando Zapata Tamayo, no início de 2010, fez brotar algumas incógnitas e poderá frear a distensão promovida por Obama. Também poderá distanciar ainda mais o Brasil e os Estados Unidos nesse quesito, tendo em vista que, enquanto o governo norte-americano denunciou publicamente o episódio, o governo brasileiro criticou a postura dos dissidentes políticos cubanos. Por que o presidente Lula criticou os dissidentes quando ele mesmo fizera greve de fome contra um regime ditatorial? Um argumento sugere que o fez no contexto da polarização da política interna brasileira, marcando uma diferença clara com o governo antecessor e principal desafio eleitoral em 2010. Outra explicação plausível é que Lula tenha saído em defesa do regime castrista pelos laços afetivos e pessoais construídos ao longo de mais de três décadas de militância esquerdista. Finalmente, há quem considere as declarações do presidente uma mera gafe sem maiores cálculos subjacentes.[11]

Os acontecimentos políticos em Honduras também revelaram fissuras entre Brasil e Estados Unidos. A retirada re-

[11] Ver "Lula compara dissidente cubano e bandidos em São Paulo" (*O Globo*, 10 mar. 2010).

pentina, em junho de 2009, de Manuel Zelaya da presidência pelas Forças Armadas e com apoio dos poderes Legislativo e Judiciário foi rapidamente condenada pelos países da região, pela OEA e pela ONU, e tanto o governo Obama quanto o governo Lula denunciaram publicamente o golpe de Estado. Com a aproximação das eleições presidenciais, em novembro daquele ano, e com Zelaya abrigado na embaixada brasileira em Tegucigalpa, as posições começaram a divergir. Enquanto o Brasil insistia na recondução de Zelaya ao poder como condição *sine qua non* para negociar qualquer acordo, os Estados Unidos emitiam sinais de que reconheceriam o resultado das eleições presidenciais de novembro de 2009, o que de fato fizeram. Os países do Mercosul, durante a cúpula de chefes de Estado, ocorrida em dezembro de 2009, em Montevidéu, continuaram a denunciar a ilegitimidade do novo governo hondurenho, com críticas à atuação dos americanos no episódio. Nas palavras do assessor internacional do presidente Lula: "Acho que os Estados Unidos se isolarão e consideramos que isso é muito ruim para os Estados Unidos e sua relação com a América Latina".[12] Entretanto, a restauração da normalidade à vida hondurenha teve o efeito oposto de isolar o Brasil.

O Haiti, por sua vez, se mostrou um teste para as relações entre o Brasil e os Estados Unidos em 2009. A aposta do governo brasileiro ao assumir, em 2004, o comando da força de estabilização da ONU na ilha (Minustah) foi plausível porque representava uma situação de baixo risco relativo em termos financeiros e de baixas. O Brasil fazia boa presença externa e, internamente, o noticiário registrava o novo *status* do país, mas sem os problemas normalmente associados com o en-

12 "EUA podem se isolar por apoio a eleição em Honduras, diz assessor de Lula". 25 nov. 2009. Disponível em: <www1.folha.uol.com.br/folha/mundo/ult94u657711.shtml>.

vio de tropas ao exterior. Tratava-se de uma das principais apostas do país para sustentar sua candidatura a um assento permanente no Conselho de Segurança das Nações Unidas. O trágico terremoto, em janeiro de 2010, contudo, reverteu essas condições. Pela primeira vez desde a II Guerra Mundial, o Brasil enterrou militares em missão no exterior. Além disso, o Brasil agora teria de lidar com o crescente envolvimento americano e europeu na área. A percepção comum no Brasil de que os Estados Unidos assumiram uma posição de liderança e controle no Haiti logo após o terremoto expôs o dilema: o Brasil, não tendo condições financeiras ou militares de disputar a liderança da reconstrução do Haiti, seria levado a se tornar apenas mais um parceiro minoritário desse esforço. Por outro lado, também não poderia desengajar-se, em plena crise. Em qualquer caso, o uso da missão do Haiti como instrumento de afirmação regional se viu comprometido.[13]

Outra questão que gerou alguma fricção entre os Estados Unidos e o Brasil na América do Sul foi a decisão do governo americano de ampliar a presença militar na Colômbia, por meio de um acordo, assinado em agosto de 2009, de utilização de bases militares naquele país. Em vez de sublinhar um interesse renovado dos Estados Unidos na região, entretanto, o episódio serviu mais para revelar certo ceticismo da Colômbia com a nova arquitetura político-estratégica regional. Em meio à desconfiança dos países vizinhos e de relutância do Brasil em reconhecer a política de segurança do país andino, a Colômbia optou pela continuidade de seu acordo de cooperação com os Estados Unidos, provocando reações do governo

---

[13] Sobre a suposta disputa entre EUA e Brasil nas operações de resgate no Haiti, ver "Brasil faz operação para afirmar comando no Haiti" (*Agência Estado*, 23 jan. 2010). Disponível em: <www.estadao.com.br/noticias/internacional,brasil-faz-operacao-para-reafirmar-comando-no-haiti,500359,0.htm>.

brasileiro, tanto do Ministério das Relações Exteriores quanto do Ministério da Defesa. Segundo um alto oficial brasileiro: "[O Brasil] está atento para qualquer base estrangeira na América do Sul. Há sempre uma questão que preocupa".[14] E durante encontros com a Venezuela, o governo brasileiro chegou a pedir garantias formais da Colômbia sobre as operações militares naquele país.[15]

A desconfiança brasileira da presença militar americana na região já podia ser sentida ainda em 2008, quando do anúncio da reativação da Quarta Frota da Marinha dos Estados Unidos. Em julho de 2008, o presidente Lula chegara a dizer: "Nós agora descobrimos petróleo em toda a costa marítima brasileira, a 300 quilômetros da nossa costa, e nós, obviamente, queremos que os Estados Unidos nos expliquem qual é a lógica desta Quarta Frota".[16] Na percepção brasileira, a atuação americana na Colômbia e a Quarta Frota são vistas como parte de um conjunto mais ou menos coerente de iniciativas emanadas de Washington. A percepção ainda goza de raízes profundas no Brasil, segundo a qual a abordagem americana para a América do Sul é de controle estreito ou interesse inquestionável. Em abril de 2010, entretanto, os dois países anunciaram a conclusão da negociação sobre cooperação em matéria de defesa que, apesar de não prever ainda projetos bilaterais específicos, poderá pavimentar o caminho para outras medidas de construção de confiança. O acordo talvez valha mais por seu peso simbólico, tendo em vista que

---

[14] Samuel Pinheiro Guimarães, secretário-geral do Itamaraty, 18 de novembro de 2009. Ver também "Acordos de Defesa devem ser bilaterais, diz Valenzuela" (*Agência Estado*, 14 dez. 2009).

[15] Nelson Jobim sobre as relações Brasil-EUA, 14 de dezembro de 2009. Disponível em: <www.estadao.com.br/noticias/internacional,acordos-de-defesa-devem-ser-bilaterais-diz-valenzuela,481910,0.htm>.

[16] Lula quer explicações dos EUA sobre Quarta Frota. Disponível em: <www1.folha.uol.com.br/folha/bbc/ult272u418285.shtml>.

se trata do primeiro instrumento dessa natureza assinado entre os dois países desde o cancelamento unilateral pelo Brasil, em 1977, do acordo de 1952.[17]

Essas dinâmicas complicaram a capacidade de Brasil e Estados Unidos coordenarem suas políticas para a região. Parte do problema tem a ver com a expectativa, em Washington, de que o Brasil queira e possa ajudar a custear a ordem regional. Contra essa ideia, a mensagem recorrente do Brasil tem sido a de que o país "pode e deve contribuir na construção da ordem global, consciente de seu peso demográfico, territorial, econômico e cultural, e de ser uma grande democracia em processo de transformação social".[18] O que não aparece nesta lista é a noção de que, sendo o principal país do subcontinente, o Brasil teria responsabilidades especiais pela manutenção da estabilidade regional e, portanto, deveria custear a mesma. Em meio aos debates sobre a eleição do secretário-geral da OEA, em março de 2010, esse contraste ficou explícito. Enquanto os Estados Unidos apoiavam a recondução de José Miguel Insulza ao cargo, o Brasil defendia inicialmente uma eleição aberta. O embaixador do Brasil no órgão chegou a declarar que "A OEA não é uma sociedade anônima, é uma democracia, cada país tem um voto", ao que um assessor de um senador norte-americano respondeu: "Seria ótimo se outros países assumissem mais responsabilidade e contribuíssem com mais dinheiro para a OEA – e o Brasil é um bom exemplo, um país grande, emergente, que quer ter um papel maior na região. Seria ótimo se o Brasil, além de expor suas preocupações, abrisse a carteira também".[19]

[17] Nota do MRE à imprensa n. 175 (7-4-2010). Disponível em: <www.mre.gov.br/portugues/imprensa/nota_detalhe3.asp?ID_RELEASE=7994>.
[18] Celso Amorim, 1º de janeiro de 2003.
[19] "Primeira votação na OEA deve reeleger Insulza" (*O Estado de S. Paulo*, 24 mar. 2010).

Isso dito, três ideias principais coexistem nas leituras brasileiras da região. A primeira sustenta que a região importa porque é uma das principais fontes de instabilidade no ambiente externo. De fato, a região contém vários Estados relativamente frágeis, como Bolívia, Paraguai e Equador. O que lá acontece tem afetado interesses brasileiros de maneira direta – seja em relação ao investimento privado, ao crédito público ou às comunidades de cidadãos brasileiros vivendo nesses países. O tema da segurança energética também ganhou destaque entre as preocupações brasileiras nos últimos anos, com as turbulências políticas na Bolívia – e os possíveis efeitos sobre o fornecimento de gás natural ao Brasil – e no Paraguai, com as pressões daquele país pela renegociação da dívida da usina de Itaipu.

Ao longo da década de 2000 a ideia do regionalismo como resposta aos problemas inerentes da região ganhou importância adicional porque sua trajetória ocorreu em paralelo a outros desenvolvimentos conceituais de grande consequência. Por um lado, a diplomacia brasileira contemporânea passou a considerar a democracia um requisito para a inserção bem-sucedida da região sul-americana nas relações internacionais. Assim, um revés nas credenciais democráticas de qualquer país regional tem, para o Brasil, repercussões estratégicas internacionais. Por outro lado, na concepção brasileira, a instabilidade regional é uma causa de potencial atenção norte-americana na região, fenômeno que o Brasil tem se empenhado em evitar. A situação é particularmente delicada para o Brasil porque seus vizinhos dividem-se entre aqueles que almejam uma aproximação maior com os Estados Unidos, e podem constituir porta de entrada para interesses americanos na América do Sul (Colômbia e Chile), e aqueles que, ao contestar a hegemonia americana, despertam a preocupação de Washington e, por força de sua oposição, terminam pondo a região em seu mapa de prioridades (Bolívia e Venezuela). A capacidade brasileira de manter-se distante da crescente divisão entre esses dois grupos de países é limitada, e o acirramento de crises dentro desses países constitui um risco justamente porque tende a forçar o Brasil a tomar posição em temas contenciosos.

Desse ponto de vista, a região constituiria um calcanhar de aquiles para o Brasil, cuja política regional almejaria menos a acumulação de poder do que a redução de riscos e a proteção contra os efeitos deletérios da instabilidade dentro de países vizinhos. Essa preocupação ajuda a explicar por que o Brasil parece estar abandonando sua enraizada relutância em institucionalizar as relações de segurança na região para produzir uma nova arquitetura – quiçá sob a égide do Conselho Sul-Americano de Defesa – que evite respostas *ad hoc* da comunidade regional ou respostas mais ou menos intervencionistas por parte dos Estados Unidos.

A segunda ideia que marca este período prega que a região pode funcionar como um escudo contra alguns dos aspectos mais negativos do sistema capitalista global. O argumento é mais sofisticado quando se refere ao comércio: dessa perspectiva, os objetivos a longo prazo por detrás da política regional brasileira são de controlar a globalização e proteger a economia nacional de choques externos. Esta ideia não é nova e, ao menos em parte, suas origens remontam à década de 1960. Mas o importante aqui é notar que a leitura brasileira do regionalismo após o fim da Guerra Fria continua enfatizando menos os objetivos comuns com a vizinhança do que a proteção da capacidade *nacional* de fazer frente aos desafios da globalização. Assim, no caso brasileiro, as mudanças na composição da sociedade internacional típicas dos anos 1990 e 2000 – e a expansão do regionalismo como forma legítima e desejável de gerenciar a ordem internacional – não se traduziram no abandono de posturas autonomistas, mas na adequação das mesmas com o objetivo de manter algum espaço de manobra nacional.

A terceira ideia recorrente caminha em direção diferente às anteriores. Ressalta que a região pode ser uma importante fonte de acréscimo do módico poder que o Brasil goza nas relações internacionais. Segundo essa visão, o Brasil, sendo a economia dominante da região, poderia utilizar o agrupamento regional para ajudar a moldar o ambiente regional, facilitar entendimentos, diluir conflitos e, dessa forma, alavancar o poder de barganha nacional em negociações com o mundo industrializado. É difícil encontrar referências explícitas a essa visão porque o teor dos discursos tende a destacar as fraquezas e fragilidades do país, não sua força relativa. Conforme enfatiza o chanceler Celso Amorim: "Até mesmo um país grande como o Brasil é um país pequeno num mundo como esse... nós não temos a capacidade de falarmos sozinhos... Eu acredito que o Brasil não tem uma existência plena sem a união (com a América do Sul)".[20] Mas a lógica subjacente enxerga na região uma plataforma de lançamento ou trampolim e vê o Brasil como um ímã que exerce algum grau de atração natural no ambiente regional devido ao peso da economia nacional.

A convivência dessas três leituras dificulta a cooperação ativa do Brasil com os Estados Unidos em questões regionais.

[20] Celso Amorim, discurso na III Reunião de Ministros das Relações Exteriores da América do Sul, Santiago, Chile, 24 nov. 2006.

Copenhague

O ano de 2009 marcou avanços significativos nas posturas ambientais de ambos os países. A chegada de Obama ao poder sinalizou uma mudança no tom e orientação da política americana para o meio ambiente. O governo permitiu e incentivou os estados da federação a implementarem regras próprias – e mais rígidas – de proteção ao meio ambiente e o próprio governo central passou a interpretar de forma mais rígida a legislação ambiental nacional. A Câmara dos Deputados dos Estados Unidos aprovou o projeto que limita e promove a troca de cotas de emissão de gases de efeito estufa (*cap-and-trade*). No Brasil, lançou-se um Plano Nacional sobre Mudança do Clima no qual, pela primeira vez, o país estabeleceu metas para conter o desmatamento, responsável por mais de 70% das emissões brasileiras.

Entretanto, os meses prévios à reunião de Copenhague, no final de 2009, ilustraram a ausência de engajamento na questão entre Brasil e Estados Unidos. Apesar de compartilharem uma série de interesses na matéria, as duas diplomacias seguiram caminhos distintos.

A atitude brasileira foi de coordenar suas posições com outros países em desenvolvimento, principalmente no âmbito do G-77. Parte da lógica diz respeito ao medo brasileiro de que o agravamento da crise financeira global resultasse em medidas protecionistas por parte dos países ricos, como ocorrido em pacotes de ajuda econômica elaborados pelos governos dos Estados Unidos e da França. Parte das motivações brasileiras diziam respeito ao princípio das responsabilidades comuns, porém diferenciadas, consagrado no Protoloco de Kyoto, de 1997, que preservou os países em desenvolvimento de seguir as metas internacionais previstas para as nações desenvolvidas. E, finalmente, o Brasil compôs o jogo com os Brics que, em reunião no final de maio de 2009, criticaram os países ricos e sua suposta política de imposição de metas de emissões de carbono.

Nos Estados Unidos, a capacidade negociadora durante os meses prévios a Copenhague foi limitada pela estrutura do jogo político interno e pela difícil aprovação de medidas no Congresso americano. Para o Brasil, assim como foi o caso para outros países emergentes, não é clara a capacidade do Executivo americano de assegurar compromissos ambientais sustentáveis. Foi essa a percepção dominante em Brasília durante conversas com o governo americano nas preparatórias para a conferência mundial.

Nesse período, o Brasil insistiu na chamada "diplomacia do etanol" – a tentativa de vincular a redução de emissões de carbono na atmosfera ao uso de fontes renováveis de energia. Para o Brasil, a projeção internacional de sua política ambiental se limita à criação de um mercado energético alternativo ao petróleo. Esse posicionamento do país pode ser verificado no próprio organograma do Ministério das Relações Exteriores, onde muitas das negociações internacionais sobre mudanças climáticas são conduzidas pela recém-criada subsecretaria-geral de energia e alta tecnologia, e não pelo embaixador extraordinário para mudanças climáticas ou pelo departamento de meio ambiente. O projeto, contudo, perdeu ímpeto antes mesmo de Copenhague devido à falta de adeptos, à polêmica em torno da possível pressão desse modelo sobre o preço de alimentos, à queda dramática da cotação do barril do petróleo ao longo do ano e mesmo por uma mudança de prioridades do governo brasileiro, entusiasmado com as descobertas de grandes quantidades de petróleo na plataforma continental.

Diante de uma atmosfera política evidentemente pouco favorável a acordos de combate à mudança do clima no final de 2009, o Brasil mudou de postura durante as negociações de Copenhague. As articulações do país com outras nações emergentes do Basic (Brasil, África do Sul, Índia e China), para contrabalançar o peso dos países desenvolvidos (EUA e União Europeia) nas negociações climáticas, deram lugar a um discurso mais ousado. O impasse anunciado do encontro não representou obstáculo para o Brasil propor metas nacionais mais ambiciosas de redução voluntária da emissão de gases de efeito estufa. Ademais, o presidente Lula, contrariando a posição até então predominante da delegação brasileira, chegou a afirmar que o Brasil poderia oferecer recursos para um fundo global.[21]

Irã

Nos primeiros meses de 2010, as relações bilaterais ganharam um novo complicador no momento exato em que o Brasil assumiu uma cadeira rotativa no Conselho de Segurança da ONU. Diante do anúncio iraniano de avanço no enriquecimento de urânio e da descoberta de laboratórios clandestinos de pesquisa tecnológica no Irã, o governo Obama abandonou sua política inicial de tentar engajar aquele país em troca de um esforço renovado para a imposição de uma nova rodada de sanções contra o país persa. O Brasil manifestou-se contrário às sanções e argumentou em favor de um programa nuclear iraniano para fins civis.

---

[21] "A bolha de Lula" (*Folha de S.Paulo*, 19 dez. 2009. Painel).

Às vésperas da viagem da secretária de Estado Hillary Clinton a Brasília, em março de 2010, era impossível ouvir referência ao Brasil em Washington que não viesse acompanhada de uma frase sobre o Irã. Em seminários acadêmicos, no governo e entre jornalistas havia duas perguntas recorrentes: ao rejeitar possíveis sanções do Conselho de Segurança da ONU contra o Irã, o Brasil não estaria fazendo o jogo de Teerã? Esse comportamento não enfraqueceria o regime de não proliferação nuclear, do qual o Brasil é parte?

As preocupações americanas em relação ao vínculo do Brasil com o Irã não eram novas. Em junho de 2009, quando uma eleição no Irã desencadeou manifestações populares e a reação do regime foi o uso brutal da força contra a população iraniana, Lula saiu em defesa do regime e do presidente Mahmoud Ahmadinejad. Em seguida, o presidente persa visitou o Brasil e Lula anunciou uma visita sua a Teerã no primeiro semestre de 2010. Uma vez mais, parte do comentário atribuiu as declarações de Lula ao contexto de corrida presidencial, tendo em vista as críticas da oposição em questões de política externa. Uns insistiram em que a atitude dizia respeito ao valor atribuído pelo Brasil ao princípio da não intervenção e não ingerência – especialmente no caso de um país isolado como o Irã e sob pressão da maior potência mundial. Outros apontaram um suposto pendor autoritário no presidente, enquanto alguns atribuíram os comentários a uma gafe que poderia ter sido evitada.

Para Brasília, o cálculo principal em relação ao Irã não seguia a lógica das pressões e interesses econômicos.[22] Trata-

[22] Em 2009, o Irã absorveu 0,8% do total das exportações brasileiras (embora em 2010 as exportações para esse país crescessem quase 80%); no mesmo período, o país persa foi responsável por 0,01% das importações brasileiras. O Irã continua como um parceiro comercial de pouco peso (33º mercado para os produtos brasileiros em 2009; 24º nos primeiros meses de 2010; e 83º exportador ao Brasil em 2009). Fonte: Ministério de Desenvolvimento Indústria e Comércio.

va-se de uma manifestação política que, na percepção dos tomadores de decisão, tem as maiores consequências para a inserção internacional do Brasil. Esse sentimento está refletido na assertiva de um alto funcionário brasileiro: "Antes havia o hábito de se pedir licença para fazer as coisas, o hábito de ser pequeno. O Brasil agora é maior de idade, não pede licença para ter relações com qualquer país".[23]

No quesito específico das sanções, a postura brasileira precisa ser explicada com referência a três fatores. Primeiro, na interpretação brasileira, as sanções podiam ser um prelúdio para uma intervenção militar no Irã. A lembrança em Brasília era recente: a última vez que o Conselho de Segurança votara com base em evidência não conclusiva, o mundo tivera de lidar com uma intervenção ilegítima no Iraque que minou o princípio básico da segurança coletiva.

Segundo, o Brasil rejeitou a noção, explicitada por Hillary Clinton, de que sanções da ONU pudessem levar o Irã a negociar de "boa-fé". Ao contrário, pressões externas e isolamento poderiam convencer o Irã a buscar de fato a nuclearização. O Brasil tem experiência histórica ampla com esse tipo de lógica: quando a ditadura brasileira tentou desenvolver um programa nuclear civil fora do âmbito do Tratado de Não Proliferação Nuclear (TNP), encontrou enormes pressões internacionais. Para esquivar-se delas, criou um programa nuclear secreto. Os resultados foram limitados e custaram caro, mas o país desenvolveu a tecnologia para enriquecer urânio. Em um seminário sobre o tema, um diplomata brasileiro falando anonimamente afirmou que "quando o Brasil olha para o Irã, não vê apenas o Irã, também vê a si próprio".

[23] "O Brasil não pede licença" (*Zero Hora*, 22 nov. 2009). Disponível em: <www.sae.gov.br/site/?p=2116>.

Terceiro, na leitura brasileira, as potências nucleares teriam utilizado o TNP de forma seletiva. Afinal de contas, argumenta-se em Brasília, não há pressão sobre Israel para que reconheça as armas nucleares que possui, mas não declara. Tampouco houve punição contra a Índia, que se nuclearizou, desafiou o TNP abertamente e, de quebra, recebeu um vantajoso acordo de cooperação nuclear por parte de Washington. Finalmente, dizia o argumento brasileiro, as grandes potências nucleares teriam pouca autoridade moral para invocar o TNP porque ainda não conseguiram honrar sua parte do acordo, qual seja, o progressivo desmantelamento de seus arsenais nucleares. Este último argumento, aliás, sustentou a posição oficial do Brasil, publicada em um documento oficial no final de 2008, de que o país não aderirá a nenhum protocolo adicional ao TNP.[24]

Seria um erro descartar esses três fatores como mero antiamericanismo. Nas três instâncias tratou-se de mitigar aquilo que Brasília via como o lado mais duro e injusto da postura americana em questões de não proliferação. Isso não impede o Brasil de ter grandes faixas de coincidência com os Estados Unidos no tema. Como um dos maiores beneficiários do sistema de segurança coletiva existente desde 1945, o Brasil não desafiou a concepção de ordem internacional vigente. Como um país emergente com uma longa história de fragilidade e dependência, buscou impedir que as normas internacionais fossem instrumento a serviço dos mais fortes.

Como detentor de uma cadeira rotativa no Conselho de Segurança da ONU no biênio 2010/2011, o Brasil continuou mantendo relações relativamente distantes dos Estados Unidos. Não houve progresso no caso do Irã e, quando a prima-

---

[24] Estratégia Nacional de Defesa (dezembro de 2008).

vera árabe varreu parte do Oriente Médio e norte da África, o Brasil mostrou-se relutante em autorizar o uso da força contra a Líbia. Na votação crucial a esse respeito, absteve-se junto aos Brics e à Alemanha.

O aparecimento de Dilma Rousseff na cena aponta para alguns ajustes. Deixou-se de lado, pelo menos inicialmente, as gestões para facilitar um acordo com o Irã. Fez-se autocrítica da postura tradicional de abstenção ou votos contrários em resoluções voltadas a questões de direitos humanos. E Brasília sinalizou claramente que estava disposta a buscar um "diálogo construtivo" com Washington. Hillary Clinton participou da posse de Dilma e em seu primeiro encontro com o chanceler Antônio Patriota manifestou apreço pelo pleito brasileiro por um Conselho de Segurança reformado. Mas a visita de Obama ao Brasil no início de 2011 frustrou qualquer expectativa de que a Casa Branca apoiasse a demanda brasileira de modo explícito, como Obama o fizera na Índia poucos meses antes.

Assim, a eleição de Dilma em 2010 não modificou a estrutura básica das relações entre o Brasil e os Estados Unidos de Obama. Ambas as partes reconhecem a crescente importância que um país tem para o outro nesta quadra histórica. Mas ambos reconhecem também que será difícil o consenso em áreas críticas para ambos os lados e sugerem que é plausível esperar novas fricções no futuro próximo. Nem a presença de valores comuns nas duas sociedades – democracia, direitos humanos, economia de mercado –, nem a presença de interesses compartilhados são suficientes para assegurar proximidade entre os dois países mais fortes do hemisfério.

As frustrações mútuas e a dificuldade de ambas as partes em avançar agendas conjuntas possivelmente continuarão sendo recorrentes na relação bilateral.

Capítulo 8

A agenda da democracia nas Américas: o caso para a ação multilateral

Theodore J. Piccone

A política externa dos Estados Unidos há muito tempo tem enfatizado – embora de maneira inconsistente – a democracia e os direitos humanos em sua abordagem da América Latina. Ao mesmo tempo que o respeito pela democracia liberal melhorou consideravelmente na região, tendências opostas em lugares como Venezuela, Nicarágua, Guatemala e Honduras, juntamente com o status enraizado do regime de Castro em Cuba, mantêm essas questões em alta na agenda dos Estados Unidos. A questão agora para a administração Obama é como praticar uma política pró-democracia e direitos humanos sem repetir os erros do passado. Um passo fundamental seria construir novas coalizões e expandir os caminhos de cooperação multilateral.

Depois de quase dois anos no governo, a administração Obama está atingindo o tom certo de parceria com a região, mas ainda não produziu nenhuma iniciativa concreta nesta frente. Como esperado, o próprio fato da decisiva eleição de Barack Obama como primeiro presidente afro-americano e passos preliminares para mudar o estilo de liderança têm tido um efeito notavelmente positivo no modo como outras pessoas veem a política externa dos Estados Unidos, mesmo em questões sensíveis como a promoção da democracia e de direitos humanos. A estratégia de compromissos pragmáticos e de princípios e o suporte a abordagens multilaterais, articuladas em dois discursos no mês de dezembro de 2009 pelo presidente Obama e pela secretária de Estado Hillary Clinton, reafirmou o suporte dos Estados Unidos à reforma democrática em todo o mundo, ao mesmo tempo que enfatizou a flexibilidade na aplicação desta política a casos específicos (Obama, 2009; Clinton, 2009).

Obviamente, é necessário muito mais que uma eleição e uma retórica inspiradora para concluir a renovação necessária de modo a tornar as políticas de apoio à democracia e aos direitos humanos mais eficazes. Isto é particularmente verdadeiro na América Latina, onde as instituições democráticas são frágeis e a influência dos Estados Unidos está diminuindo. A administração Obama, com ajuda do Congresso, precisa investir tempo e recursos no fortalecimento e, onde necessário, na criação de ferramentas multilaterais para apoiar a democratização na América Latina e no mundo todo. Isto exigirá uma significativa mudança de pensamento, longe de canais bilaterais tradicionais de pressão e assistência diplomática e em direção a uma cooperação multilateral com parceiros de pensamento semelhante. Também exigirá que Estados como o Brasil e o México reconciliem suas políticas externas com seu status como democracias líderes.

Por que Washington precisa expandir os mecanismos multilaterais?

De acordo com uma série de pesquisas, a democracia é uma aspiração fortemente mantida em todo o mundo. A maioria dos latino-americanos, como a vasta maioria das pessoas de outras regiões, acredita que a democracia é melhor que qualquer outra forma de governo. Mas os latino-americanos estão muito insatisfeitos com o modo como a democracia funciona em seus países, particularmente quando se trata de distribuir renda e oferecer proteções sociais. A corrupção, por exemplo, é considerada um enorme impedimento para a melhoria do governo (Iberian, 2009:11).

Como mostram vários estudos, as tendências democráticas positivas que se desdobraram na região no decorrer dos últimos 30 anos também refletem sérias vulnerabilidades. Para evitar uma guinada de volta aos regimes autoritários, as democracias precisam alcançar melhorias tangíveis em seus sistemas judiciais, maior responsabilização de instituições públicas e de políticos, mais transparência e melhores serviços públicos. Os Estados Unidos têm um interesse vital em apoiar tais reformas, um ponto reafirmado por sucessivas administrações, inclusive o governo Obama.

Washington sustentou esta visão com bilhões de dólares em ajuda para fortalecer os governos democráticos na região, até agora com resultados variados. Além do mais, seu legado histórico na região e seus erros mais recentes – tais como justificar sua invasão do Iraque com promessas exageradas de espalhar a democracia no mundo árabe – reduzem sua credibilidade ao invés de ajudar a atingir tal objetivo. Ao mesmo tempo que as pesquisas públicas de opinião no mundo demonstram que as classificações de favoritismo se recuperaram das baixas históricas vistas durante a presidência de George W. Bush, as percepções públicas de uma abordagem mais multilateral à política externa dos Estados Unidos até então desapontam.[1] Enquanto isso, as percepções positivas de outros atores internacionais estão notavelmente melhores. Conforme a pesquisa Barómetro Iberoamericano, 63% dos entrevistados confiam nas Nações Unidas, um aumento de seis pontos; a Organização de Estados Americanos (OEA) recebeu uma aprovação de 45%, um aumento de cinco pontos; e a União Europeia teve 57% de aprovação, um aumento de sete pontos.

Dadas estas realidades e a inerente sensibilidade de se oferecer apoio externo para atividades políticas domésticas, é fundamental que Washington incremente suas parcerias com os governos das Américas. Os Estados Unidos precisam renovar sua imagem na região como aliados da democracia, trabalhando intimamente com países e organizações internacionais que são aceitos como atores de credibilidade; que compartilham suposições básicas sobre a ligação positiva entre democracia, desenvolvimento e paz; e que estão dispostos a se unir em um esforço deliberado, embora indeterminado, para fortalecer o respeito pela democracia na região. Também são necessários parceiros para ajudar a compartilhar os custos financeiros e diplomáticos desta tarefa. O auxílio externo dos Estados Unidos, que enfrentou a tempestade inicial da crise financeira de 2009, provavelmente passará por

[1] Pew Global, 2009:36. Disponível em: <http://pewglobal.org/reports/display.php?ReportID=264>. Mais entrevistados para uma exclusiva pesquisa do *Latinobarómetro*, conduzida para a revista *The Economist*, já veem o Brasil como o país mais influente na região, à frente dos Estados Unidos e da Venezuela (Um amadurecimento, 2009).

cortes significativos no futuro como resultado do aumento do déficit americano. Em resumo, Washington precisa andar suavemente, falar silenciosamente e unir-se a outros atores regionais.

Trabalhando em parceria com outros países, os Estados Unidos também serão capazes de oferecer um cardápio mais variado de assistência democrática ao conjunto crescentemente diverso de culturas políticas no hemisfério. É necessário, portanto, um mecanismo para trazer atores e especialistas mais variados à mesa da assistência democrática. Os governos latino-americanos deveriam estar devotando seus próprios recursos e conhecimento para este empreendimento conjunto. Eles devem criar uma unidade dentro de seus ministérios das Relações Exteriores dedicados a preocupações com a democracia e com os direitos humanos, oferecer financiamento e assistência técnica nas melhores práticas democráticas para seus vizinhos e oferecer treinamento e educação para seus diplomatas.[2]

A administração Obama herdou mais de duas décadas de experiência no apoio à democracia externa, tanto através de estratégias diplomáticas quanto de desenvolvimento. Para cumprir sua ambição de implementar um curso mais multilateral, ela deve ampliar esta experiência e considerar novos caminhos de cooperação. Uma estratégia abrangente, ancorada em pilares distintos mas complementares de apoio diplomático e de assistência diplomática, serviria bem aos Estados Unidos na região da América Latina.

---

[2] Uma ferramenta útil para treinar diplomatas é *A diplomatic's handbook for democracy development support*, uma publicação lançada sob os auspícios da Community of Democracies. Disponível em: <www.diplomatshandbook.org>.

Ferramentas diplomáticas para a assistência democrática

Ampliando as lições aprendidas nos últimos anos, os Estados Unidos poderiam empregar uma série de abordagens diplomáticas para melhorar os resultados de suas iniciativas democráticas na América Latina. Contudo, elas exigem uma disposição de ceder algum controle e compartilhar o ônus com outros. Os primeiros sinais da administração Obama neste sentido são animadores.

Despersonalizar as relações dos Estados Unidos com os líderes da região

No início de seu primeiro mandato, a administração Bush cometeu um pecado capital de assistência democrática: ela sinalizou o apoio a um golpe inconstitucional contra o presidente democraticamente eleito da Venezuela, Hugo Chávez. Como resultado, a administração Bush perdeu credibilidade na região, apenas oito meses após ter assinado a Carta Democrática Interamericana, que comprometia todos os governos na região a respeitar o governo constitucional, e deu a Chávez mais munição para sua agenda anti-Estados Unidos. A imagem dos Estados Unidos na região foi ainda mais danificada quando os oficiais americanos intervieram nas eleições nacionais da Bolívia, de El Salvador e da Nicarágua, endossando candidatos pró-Estados Unidos e ameaçando retirar benefícios bilaterais se os eleitores apoiassem candidatos da esquerda.

Os consultores de Barack Obama rejeitaram explicitamente este tipo de abordagem durante sua campanha presidencial. A administração Obama agora está lidando com situações semelhantes, com um maior respeito pelos desejos dos eleitores latino-americanos. Na Cúpula das Américas em abril de 2009, por exemplo, o presidente Obama proclamou que "cada uma de nossas nações tem o direito de seguir seu próprio caminho. Mas nós todos temos a responsabilidade de garantir que os povos das Américas tenham a habilidade de buscar seus próprios sonhos em sociedades democráticas".[3] Estas palavras sugerem que a administração Obama se absterá de interferir em eleições internas e trabalhará construtivamente com quem quer que ganhe eleições livres e justas e respeite os dogmas fundamentais da Carta Democrática Interamericana.

Os dois casos mais dramáticos em 2009 não giraram em torno de eleições, mas de um antiquado golpe de Estado em Honduras e de uma ditadura de longa data em Cuba. A resposta inicial da administração Obama ao exílio forçado do presidente Manuel Zelaya, de Honduras, em junho de 2009, se baseou de perto na regra predominante e agora arraigada da região de que deposições extralegais de governos democraticamente eleitos não podem continuar. O governo sucessor em Tegucigalpa, liderado pelo presidente do Congresso Nacional, Roberto Micheletti, foi rapidamente rejeitado como ilegítimo e suspenso da OEA. Apesar de repetidos esforços para facilitar o retorno de Zelaya, os Estados Unidos foram incapazes de exercitar pressão suficiente para forçar Micheletti a ceder o controle. Como último recurso, eleições nacionais agendadas bem antes do golpe se tornaram a estratégia de saída preferida de Washington, uma posição de possibilida-

[3] Observações do presidente Barack Obama na Cerimônia de Abertura da Cúpula das Américas, Porto de Espanha, Trinidad e Tobago, 17 de abril de 2009. Disponível em: <www.whitehouse.gov/the_press_office/Remarks-by-the-President-at-the-Summit-of-the-Americas-Opening-Ceremony>.

des com um número significativo de outros países, inclusive o Brasil, o Chile e o México. Apesar disso, do ponto de vista de promoção da democracia, é difícil discutir contra a confiança em eleições livres e justas como a rota adequada para sair da crise, especialmente quando elas foram legitimamente convocadas. Enquanto isso, os Estados Unidos corretamente continuaram a insistir que os termos fundamentais do acordo entre Micheletti e Zelaya fossem honrados para que Honduras fosse completamente reinserida na comunidade interamericana.

De forma semelhante, no caso da readmissão de Cuba à OEA, a administração Obama enfrentou uma situação complicada. Ela sinalizou, desde cedo, uma disposição de começar um novo diálogo com Havana baseado na cooperação em questões de preocupação mútua, ao mesmo tempo que mantinha o embargo como alavancagem em direção à futura normalização. Mas se aceitasse o forte consenso de seus vizinhos e concordasse em cancelar, sem condições, a suspensão de décadas de Cuba do corpo, ela diretamente enfraqueceria, se não violasse, os dogmas centrais da Carta Democrática Interamericana, que exige que os membros mantenham princípios democráticos centrais flagrantemente rejeitados por Cuba. Através de habilidosa diplomacia, a administração Obama foi capaz de conseguir as duas coisas: suspensão de Cuba foi cancelada, desta forma removendo um estorvo da agenda hemisférica, mas a readmissão foi condicionada ao cumprimento dos padrões fundamentais de associação da organização por Cuba. Assim, tanto nos eventos de Honduras quanto de Cuba enfrentados em 2009, Washington demonstrou a fidelidade a princípios democráticos interamericanos, ao mesmo tempo que reteve alguma flexibilidade em sua aplicação.

Fortalecer a OEA e sua Carta Democrática Interamericana

Ao menos no papel, a OEA, a Corte Interamericana e a Comissão de Direitos Humanos associadas têm todas as ferramentas necessárias para desempenhar um papel vital no fortalecimento da democracia e dos direitos humanos na região. De fato, os Estados-membros da OEA fizeram algum progresso através dos anos no sentido de construir um conjunto de princípios e práticas que deram contribuições concretas na estabilização de crises democráticas, no monitoramento de eleições e no endereçamento de violações sistêmicas de direitos humanos. O que falta é a vontade política e os recursos financeiros dos Estados-membros para dar à OEA a capacidade de proteger as normas democráticas na região, antes que surja uma crise e depois dela. Isto foi amplamente demonstrado durante a crise constitucional em Honduras, quando a OEA se provou incapaz tanto de evitar o golpe quanto negociar uma resolução.

O Brasil tomou a frente para preencher o vácuo deixado por uma falta de consenso na OEA, lançando sua própria iniciativa para criar a União de Nações Sul-Americanas (Unasul), um novo fórum que exclui os Estados Unidos. A Unasul, que desempenhou um importante papel na dispersão e no impedimento de conflitos civis entres lados opostos na Bolívia em outubro de 2008, agora tem uma carta que coloca a democracia e os direitos humanos como "condições essenciais" para o desenvolvimento e a integração da região.[4] Ainda assim, ela não tem nenhum mecanismo para operacionalizar este vago objetivo.

---

[4] O Tratado Constitutivo da Unasul, assinado em 23 de maio de 2008, declara em seu preâmbulo que a integração e a união da América do Sul "são baseados nos princípios orientadores do ilimitado respeito pela soberania, democracia, participação de cidadãos, direitos humanos universais, interdependentes e indivisíveis", entre outros. Disponível em: <www.mre.gov.br/portugues/imprensa/nota_detalhe3.asp?ID_RELEASE=5466>.

A direção futura da Unasul é obscura. Ela poderia evoluir para se tornar uma concorrente da OEA, com um ascendente brasileiro determinado a fazer par com Washington nos assuntos de seus vizinhos imediatos. Ou ela poderia se tornar um ator sub-regional, trabalhando construtivamente ao lado da OEA à medida que ela busca resolver tensões e mediar conflitos. O curso tomado será amplamente decidido pelo sucesso do Brasil em recrutar outros jogadores fundamentais. Poder-se-ia imaginar uma útil abordagem de divisão de trabalho em que alguns problemas sub-regionais localizados, tais como a migração ou outras disputas que cruzam as fronteiras, sejam administrados pelos jogadores imediatos envolvidos, enquanto problemas que afetam todo o hemisfério, tais como o controle de drogas ou o respeito pela democracia e pelos direitos humanos, são o domínio principal da OEA. Independentemente da futura trajetória da Unasul, a habilidade da OEA para desempenhar um papel de liderança nos assuntos políticos do hemisfério depende em grande medida do relacionamento da administração Obama com o Brasil, bem como da habilidade e da disposição de o Brasil controlar a Venezuela e seus aliados.

Apoiar a cooperação de Sul a Sul em toda a comunidade de democracias

A diversidade pura de sistemas democráticos emergindo através da região e do mundo exige uma abordagem diferente e mais variada para apoiar a democratização, particularmente pelas próprias democracias novas ou restauradas.[5] A Comunidade de Democracias, um fórum multilateral criado

[5] Para um estudo sobre como os governos democráticos lidam com a democracia e os direitos humanos em suas políticas externas, leia Herman e Piccone (2002).

em 2000 pelos Estados Unidos, Polônia, Chile e vários outros países, é o único fórum global devotado à cooperação mútua para apoiar a consolidação do governo democrático. Sob seus auspícios, a OEA e a União Africana começaram a trabalhar juntas em atividades conjuntas de observação de eleições e a aprender com o sistema de direitos humanos uma da outra. Este é o tipo de trabalho que deveria continuar e ser expandido para outras áreas temáticas e geográficas.

Uma área relacionada que merece apoio da administração Obama é a cooperação em questões de direitos humanos nas Nações Unidas e seu novo Conselho de Direitos Humanos, estabelecido em 2006. Sob a administração Bush, os Estados Unidos se tornaram cada vez mais hostis e desligados do principal fórum sobre direitos humanos das Nações Unidas, conforme evidenciado por seu voto contra a criação do conselho e sua decisão de não concorrer a uma vaga. Ao mesmo tempo, os governos latino-americanos, com exceção de Cuba, Nicarágua, Bolívia e Venezuela, constituíram um importante bloco de votos a favor de um órgão mais forte. A administração Obama cumpriu seu compromisso de se reengajar às Nações Unidas ganhando uma vaga no conselho e construindo coalizões entre regiões em alguns casos. O Departamento de Estado deveria continuar esta abordagem e pedir ajuda ao Chile, à Argentina, ao Brasil e a outros membros de modo a encontrar pontos comuns de parceria com os mesmos em uma agenda de direitos humanos positiva para o conselho.

Ferramentas de desenvolvimento para a assistência democrática

O relacionamento positivo entre o governo democrático e o desenvolvimento é bem documentado e crescentemente incorporado à programação da assistência de desenvolvimento tradicional em algumas instituições doadoras.[6] Por exemplo, o Programa de Desenvolvimento das Nações Unidas agora dá aproximadamente 40% de sua assistência de desenvolvimento, US$ 1,4 bilhão anualmente, para fortalecer o governo democrático e a construção de instituições como forma de melhorar a capacidade do Estado para produzir serviços públicos e administrar a renda eficientemente (UN Development Program, 2009:6). Os Estados Unidos, por outro lado, alocaram apenas 9,2% (US$ 1,75 bilhão) de seu orçamento de ajuda externa de US$ 18,9 bilhões para programas de governo democrático (U.S. Agency, 2009:18-19).

A administração Obama, infelizmente, herdou um desastre fiscal de proporções históricas, e pode ter que cortar programas de auxílio externo no futuro como parte de um amplo esforço global para controlar o déficit. Em sua primeira apresentação orçamentária ao Congresso, cobrindo o ano fiscal de 2011, o financiamento para a América Latina e as regiões caribenhas foi cortado em mais de 10%, depois de um período de crescente assistência durante a administração Bush. Ela criou a Conta Desafio do Milênio (Millenium Challenge Account – MCA), por exemplo, como um fundo de incentivo especial para recompensar Estados de baixa renda apresentando bons registros de governo com grandes infusões de subsídios para apoiar a infraestrutura e outros projetos identificados pelo governo receptor.[7] A maioria dos países da América Latina

---

[6] Leia, por exemplo, Halperin, Siegle e Weinstein (2005).

[7] O MCC aplica um conjunto de 17 indicadores para determinar que países têm direito à assistência. Para países que não têm pontos suficientes nestes indicadores, há programas preliminares para ajudá-los a melhorar seu desempenho de modo que eles possam ter direito a um subsídio MCC mais tarde. O Paraguai e a Guiana foram selecionados como países preliminares em 2005, e o Peru em 2007.

e das regiões caribenhas, contudo, não tem direito ao fundo porque saiu da categoria de baixa renda.

Independentemente dos níveis de financiamento, os Estados Unidos precisam aumentar seus investimentos em mecanismos multilaterais de assistência democrática. Infelizmente, suas ferramentas são inadequadas, já que preferem conduzir a maioria de sua assistência democrática bilateralmente, através da Agência de Desenvolvimento Internacional dos Estados Unidos (Usaid), do Fundo Democrático de Direitos Humanos do Departamento de Estado e do Fundo Nacional para a Democracia e seus quatro institutos.[8]

Dar dinheiro ao Departamento de Estado para gerir estes programas, no entanto, cria o risco de politizar o que deveria ser, ao máximo possível, um empreendimento de ajuda externa não política, porque dá aos diplomatas mais poder para empregar dólares de auxílio à democracia de forma a apoiar objetivos de políticas de curto prazo. Este método de fornecer assistência democrática alimenta ainda mais a percepção de que os Estados Unidos promovem a democracia em seus próprios termos e bancam esforços para destituir aqueles de que não gostam.

Ao mesmo tempo, é essencial que os Estados Unidos continuem a apoiar setores da sociedade civil e da mídia independente que são, por natureza, contra o governo no poder. Estes grupos são a razão de viver de uma democracia funcional, porque eles oferecem o tipo de responsabilização horizontal essencial para a verificação de abusos de poder entre as eleições e para o fornecimento de análises independentes aos eleitores durante um período eleitoral. Receber assistência

[8] O International Republican Institute, o National Democratic Institute for International Affairs, o AFL-CIO Solidarity Center e o Center for International Private Enterprise afiliado com a Câmara de Comércio dos EUA.

oficial do governo dos Estados Unidos, contudo, particularmente sob regras que exigem que os recipientes mostrem a logomarca Usaid em todos os seus materiais, os torna vulneráveis a acusações de serem agentes de um governo estrangeiro. Vários representantes genuinamente comprometidos com a democracia e os direitos humanos em países como Cuba e Irã recusaram dinheiro de Washington por medo de serem intimidados e presos por um governo hostil. Isto não é maneira de conduzir uma estratégia de assistência democrática.

A resposta para este dilema tem duas partes. Primeiro, a administração Obama deve pedir ao Congresso para tornar o Fundo Nacional para a Democracia uma organização independente sem fins lucrativos, que teve apoio dos dois partidos a partir de seu nascimento na era Reagan, o canal primário de subsídios de assistência democrática à sociedade civil. O dinheiro atualmente presente no fundo de democracia e direitos humanos do Departamento de Estado e devotado a grupos da sociedade civil deve ser movido para o fundo como modo de ajudar a despolitizar o apoio do governo dos Estados Unidos para a democracia. Os fundos democráticos direcionados a entidades governamentais e quase governamentais, por outro lado, podem continuar a ser canalizados através do Departamento de Estado e de escritórios Usaid.

A segunda resposta é multilateralizar o fundo governamental dos EUA para a assistência democrática onde possível. O presidente Bush teve sucesso ao fazer isto quando propôs, em 2004, a criação de um Fundo de Democracia das Nações Unidas (Undef). Com o apoio da Índia, da Austrália e da Comunidade de Democracias, este fundo voluntário apoia iniciativas construtoras de democracia implementadas principalmente por grupos da sociedade civil em todo o mundo. Conforme observado inicialmente, a imagem das Nações Unidas certamente supera a dos Estados Unidos; além do mais, a organização tem a legitimidade de ser uma defensora de credibilidade da natureza universal de princípios democráticos e de direitos humanos, e agora tem um comprovado histórico operacional de que consegue gastar o dinheiro adequadamente.

A experiência Undef pode servir como modelo para o fundo de assistência democrática dos EUA na América Latina e na região caribenha. Como um fundo democrático interamericano, alojado na OEA e custeado pelos Estados Unidos, Canadá, União Europeia e seus Estados-membros, e principalmente, alguns países da América Latina, seria um veículo regional para lidar com problemas regionais. Seria uma manifestação concreta e prática do compromisso da região aos princípios da Carta Democrática Interamericana, e evitaria a reputação de "mudança de regime" associada aos fundos governamentais anteriores dos EUA.

Conclusão

O presidente Obama e seus conselheiros têm um momento de oportunidade especial para fazer avançar a democracia e os direitos humanos na América Latina e no Caribe, através de uma série de mecanismos multilaterais. O aproveitamento desta oportunidade exigirá não apenas fazer o uso completo destes mecanismos, mas também trazer uma atitude nova e mais positiva em direção a parcerias colaborativas que se afastam de prescrições de cima para baixo e unilaterais. Ele também exigirá uma maior disposição por parte do Congresso americano e de parceiros latino-americanos para devotar a vontade e os recursos financeiros à tarefa.

Capítulo 9

Obama e as Américas: velhas esperanças, novos riscos

Laurence Whitehead

Velhas esperanças

Em seu capítulo introdutório, Abraham Lowenthal dá quatro bons motivos para se manter vivas as modestas, mas positivas expectativas geradas sobre o primeiro mandato do presidente Obama. Ele destaca que a liderança do Executivo norte-americano é limitada pelas complexidades burocráticas da política interna, mas enfatiza também a importância da América Latina para os Estados Unidos, e a existência de *expertise* e consensos compartilhados pela maioria dos *policy-makers* e especialistas, que lhes permite discriminar entre países e temas e responder adequadamente às realidades da região. Esta experiência permitiu que a Casa Branca de Obama se concentrasse em desafios mais urgentes noutras partes do mundo, enquanto os funcionários e agências especializadas lidavam com assuntos de menor visibilidade pública para reforçar a cooperação hemisférica.

Existe, porém, uma interpretação alternativa. Esperava-se que Obama reparasse os danos ao prestígio internacional dos EUA ocasionados por seu antecessor, e a América Latina oferecia uma boa oportunidade para demonstrar este reposicionamento. A popularidade inicial de Obama colocou na defensiva os governos "anti-Washington" da região. Mas o acordo para instalar as bases militares na Colômbia e a crise constitucional de Honduras surpreenderam o governo Obama, revelaram incongruências entre a retórica e a prática, e a resposta da administração norte-americana foi mais reativa e desorganizada do que seria desejável. Transcorrido um ano da posse de Obama, ainda é possível que a nova equipe de funcionários encarregados das relações com a América Latina possa promover ativamente a primeira mudança com relação à região; mas também é possível que haja um grande distanciamento entre Washington e seus vizinhos no hemisfério.

A perspectiva oferecida neste capítulo é que a região continua sendo uma zona favorável, e que pode representar inclusive uma oportunidade relativamente "fácil" para que os Estados Unidos aumentem a sua credibilidade internacional. Porém, para tanto são necessárias políticas proativas e bem planejadas, bem como evitar a lógica de "nós contra eles" que caracterizou iniciativas anteriores.

No que se segue, ofereço cinco retratos regionais para ilustrar alguns dos desafios existentes.

Cuba

A administração Obama herdou políticas codificadas na Lei Helms-Burton de 1996, cujo propósito seria promover uma transição democrática na Cuba pós-Castro. Antes da ascensão ao poder de Raúl Castro, o antecessor de Obama intensificou ainda mais as sanções bilaterais e nomeou um coordenador de "transição" para o Departamento de Estado.

O presidente Obama suspendeu algumas restrições da era Bush referentes a viagens e remessas pelos cubano-americanos, autorizou novos investimentos no setor de telecomunicações cubano e iniciou negociações para restabelecer a normalidade das comunicações postais. Mas continua em vigor a proibição de viagem de turistas americanos para a ilha. Do lado cubano, os irmãos Castro continuam firmes em seu compromisso com um inflexível e isolado modelo "revolucionário". Em abril de 2010, as recriminações mútuas chegaram a um novo auge, quando o regime reagiu às dificuldades econômicas, à censura internacional e aos protestos domésticos organizados pelas "Damas de Blanco" reprimindo toda a dissidência. Parece improvável que o Partido Comunista Cubano evolua no sentido de se tornar um entre vários concorrentes eleitorais.

Obama provavelmente não deseja pagar um preço político interno para ser mais generoso em relação a Cuba. Mas seus assessores podem ter subestimado o capital político de romper com o passado unilateral. Qualquer iniciativa ousada teria mais chances de produzir uma resposta positiva em Havana do que os mesmos gestos teriam em Moscou ou Teerã.

Janeiro de 2009 marcou o cinquentenário da Revolução Cubana. A opinião geral é que as sanções unilaterais não conseguiram promover a democratização em Cuba. De fato, a hostilidade dos EUA tem servido para justificar periódicas medidas repressivas internas. Uma política de incentivos multilateral e de consulta com parceiros democráticos de Washington (Canadá, UE, bem como Brasil e México) poderá ter mais êxito e reforçará a credibilidade das políticas dos Estados Unidos. A reunião de junho de 2009 da Organização dos Estados Americanos (OEA) manifestou uma disposição conjunta de seus países-membros para readmitir os cubanos. Esta e outras iniciativas internacionais baseiam-se na esperança de que a persuasão possa provocar uma resposta mais positiva do que a intimidação dos EUA. Além disso, o regime cubano ainda hoje goza de um grau significativo de legitimidade dentro das Nações Unidas, onde as sanções unilaterais dos Estados Unidos são repetidamente condenadas por uma maioria esmagadora. E, muito embora o registro de direitos humanos do regime seja negativo, é importante reconhecer que Cuba tem um histórico claro de cumprimento de suas obrigações internacionais em matéria de migração e de drogas, pelo menos desde o fim da Guerra Fria.

Um diálogo trilateral entre os EUA, a UE e a América Latina sobre como abordar o tema de Cuba poderia estabelecer uma responsabilidade compartilhada para o suporte a uma cuidadosa liberalização e de tendências de democratização dentro de Cuba. Embora os Estados-membros da UE estejam divididos sobre o tema, a Comissão Europeia chegou a um novo acordo com Havana em outubro de 2008. No entanto, o presidente Obama recusou o convite da Espanha de participar na próxima cúpula EU-América Latina em maio de 2010. Além disto, Obama ainda não cumpriu a promessa que fez durante a campanha de fechar o presídio na base naval de Guantánamo. A administração Obama ainda não demonstrou uma capacidade de lidar com os riscos que surgirão na era pós-Castro.

Haiti

Em 2004 o governo interino do Haiti solicitou às Nações Unidas o envio de uma missão de estabilização, à qual o Conselho de Segurança encarregou a tarefa de desmobilizar os grupos armados, reestruturar e reformar a polícia haitiana e promover o desenvolvimento institucional, o diálogo e a reconciliação nacional. Seis anos depois, ainda não havia data prevista para a retirada da missão United Nations Stabilization Mission in Haiti (Minustah), cujo mandato estava sendo renovado por períodos curtos. Apesar do profundo envolvimento dos EUA no Haiti, o país só ganhou prioridade na política externa americana com o terremoto de janeiro de 2010, que matou mais de 230 mil pessoas e destruiu grande parte da precária infraestrutura do país. Em resposta, foram enviados 13 mil soldados norte-americanos, que passaram a controlar o aeroporto e portos haitianos e a administrar a resposta humanitária da comunidade internacional (formalmente da responsabilidade das Nações Unidas). A secretária de Estado Hillary Clinton apelou para que houvesse eleições para restabelecer uma legítima contrapartida haitiana com a qual a comunidade internacional pudesse trabalhar. No entanto, o custo, duração e mandato do esforço de reconstrução das Nações Unidas continuam pouco claros.

Neste contexto, Washington corre o risco de que o colapso social endêmico e o vazio político do Haiti se aprofundem e que os desafios da reconstrução voltem a assombrar. É por isso que é vital que haja uma estratégia coerente, coordenada e de longo prazo, e isto implica um compromisso multilateral sustentado e eficaz. O êxito da administração Obama em conseguir cooperar com o resto da comunidade internacional para promover a reconstrução do Haiti seria um exemplo da nova política externa que ele prometeu que exerceria.

No curto prazo, a soberania do Haiti e a viabilidade da sua economia exigem a criação de instituições sólidas e infraestrutura educacional que permitam aos cidadãos mais jovens do Haiti desenvolver as capacidades que seu país necessita. Será necessária a participação de pessoas qualificadas para realizarem os trabalhos de reconstrução. Explorar o potencial da diáspora haitiana no Canadá, Estados Unidos e Caribe pode ser útil, mas requer uma revisão profunda das atuais políticas de assistência.

O desafio Alba

A retórica agressiva e o conflito com Chávez tornaram-se elementos centrais nas relações entre os Estados Unidos e a América Latina durante o governo Bush. Com a eleição de Obama, Chávez moderou inicialmente seus ataques, mas seus esforços para conquistar novos aliados persistem e o poder de persuasão de um discurso "anti-imperialista" e de "justiça social" está ainda por se esgotar.

Alguns observadores, especialmente nos Estados Unidos, pensam que o novo nacionalismo populista da Venezuela representa a maior ameaça para a democracia no hemisfério. Mas, em uma região onde a democracia tem sido acompanhada por exclusão social e política, será necessário reconhecer que as falhas do modelo do Consenso de Washington geraram descontentamento e fragmentação política, que o recurso da Alternativa Bolivariana deriva não tanto da coerência ideológica ou da crença de que ela é uma verdadeira "alternativa" e mais de seu apelo à igualdade social e econômica, e da percepção de que os EUA não tratam seus vizinhos do Sul como iguais.

Perante este tipo de sentimentos, a melhor resposta dos Estados Unidos será comunicar aos governos e aos cidadãos da região que a administração norte-americana está verdadeiramente empenhada em promover a democracia e o desenvolvimento em toda a região através de políticas coerentes e consentidas. É particularmente importante que os EUA ajudem aos Estados menores, mais débeis e mais pobres, que possam aderir à Alternativa Bolivariana para as Américas (Alba) pelos benefícios econômicos que poderiam usufruir. Da mesma forma que o embargo contra Cuba não fez mais que fortalecer o regime de Castro, é mais provável que a "alternativa" Alba se enfraqueça na medida em que Washington reaja às crises na região com uma política de concertação multilateral.

Se o grupo Alba concluir que o confronto com Washington é a melhor forma de desempenhar sua resistência coletiva, pode dificultar futuras negociações sobre uma variedade de questões de interesse vital para os EUA.

Washington será obrigado a tomar uma posição contrária à da Alba no que diz respeito às questões da arbitragem internacional sobre investimentos, ou sobre as garantias de liberdade de expressão. A fonte mais difícil e potencialmente mais perigosa de discórdia relaciona-se com a forte oposição da Alba ao "intervencionismo" norte-americano na região. Neste tema, será difícil evitar desencontros entre Caracas e Washington. Há quem argumente a favor da confrontação. Mas, de fato, a administração Obama seria imprudente se continuasse com a tática de "nós contra eles". Cada membro da Alba tem interesses distintos e queixas próprias: sobre algumas questões podem ser implacáveis e unidos, mas em outras podem estar divididos. Uma estratégia regional mais criativa poderá garantir a neutralidade ou mesmo a cooperação parcial.

O governo Obama pode ainda convencer os indecisos de que a primeira presença maciça de soldados no Haiti é apenas um interlúdio de emergência e não uma subversão do papel primordial das Nações Unidas naquele país, e que o Plano Colômbia não é uma ferramenta intervencionista. Embora a Bolívia nunca permita o retorno da DEA, isso não exclui a possibilidade de diferentes fontes de cooperação internacional para combater o narcotráfico, inclusive talvez levadas pela UNODC. Enquanto uma Venezuela soberana tem todo o direito de obter suas armas a partir de qualquer fonte legítima, os seus vizinhos têm o mesmo direito de exigir sua não intervenção em seus assuntos internos. E, finalmente, até mesmo Cuba deve ser reconhecida como um Estado que pode ser chamado a honrar seus compromissos internacionais, e tem proporcionado uma considerável margem de estabilidade e, até mesmo, de segurança para os EUA nos espaços marítimo e aéreo do Caribe.

Plano Colômbia

A administração Obama foi aparentemente apanhada de surpresa com a resposta crítica à decisão de renovar por mais 10 anos o acordo bilateral que dá aos EUA acesso militar a sete bases colombianas para combater o narcotráfico e a insurgência. Estas negociações foram lideradas pelo Departamento de Defesa do Comando do Sul dos Estados Unidos, e parece que o Executivo de Obama não preparou uma estratégia diplomática adequada para lidar com esta previsível reação crítica.[1] Esta notícia deu ao presidente Chávez a explicação perfeita para o seu já planejado programa de aquisições de material militar; e causou constrangimento desnecessário para o Brasil – o melhor candidato da administração Obama para uma parceria sul-americana confiável –, que havia ressaltado, precisamente, a necessidade de tratar estes temas de uma perspectiva multilateral.

[1] O Ato de Assistência Internacional de 1961 determina que é o Departamento de Estado, e não o Pentágono, que define políticas e toma decisões que regem os programas de assistência militar e estabelece uma série de condições democráticas e de direitos humanos para a assistência internacional.

O Plano Colômbia tem o mérito de ter profissionalizado as Forças Armadas colombianas, mas fez pouco para parar o narcotráfico e desestabilizou o equilíbrio de poder no norte dos Andes, ajudando a precipitar uma corrida armamentista com os venezuelanos[2] e provocando confrontos próximos da armada equatoriana com a Colômbia e os EUA. É difícil prever em que medida o atual conflito poderia avançar. A eleição de Obama silenciou temporariamente os críticos dos Estados Unidos, mas agora os latentes sentimentos anti-EUA estão mais vivos. Uma política baseada em consultas, que enfatize os benefícios da paz e da estabilidade na região terá de reconhecer que, apesar dos benefícios de uma década do Plano Colômbia, o relacionamento militar bilateral teve muitos custos humanitários, socioeconômicos e diplomáticos.

Neste contexto, seria útil a criação de um órgão consultivo internacional que estabelecesse parâmetros multilaterais para resolver os problemas de segurança da região, tal como o Grupo de Contadora fez na América Central na década de 1980. Se Washington participasse neste tipo de abordagem para a resolução de conflitos na América do Sul, poderia criar um precedente valioso para exercícios semelhantes que possam ser necessários em contextos mais problemáticos.

A questão das bases na Colômbia pode ter tomado proporções exageradas e a situação poderá melhorar agora que a equipe nova de Obama está em jogo, e dado que o presidente Uribe aceitou que não poderá concorrer nas próximas elei-

[2] O Balanço Militar de 2010 do Instituto Internacional de Estudos Estratégicos alerta para a instabilidade militar na América do Sul, embora não afirme que haja uma "corrida armamentista" em curso. Em 2008, o Exército colombiano tinha uma força de 310.567 militares, o segundo maior na América Latina (o Brasil, em primeiro lugar, tinha 334.743; a Venezuela, em quarto lugar depois do México, tinha apenas 163.364, e o Equador tinha somente 37.448). Ver "A comparative atlas" (2008:98).

ções para reeleição. O governo norte-americano também já garantiu que as operações militares dos Estados Unidos serão restritas ao território colombiano. Mas fica bem claro que, em um clima de crescente diversidade ideológica e crescente desconfiança e incerteza, as respostas *ad hoc* são insuficientes para responder eficazmente aos desafios políticos da Colômbia e da região como um todo.

Honduras

Em resposta às críticas iniciais da política norte-americana com relação a Honduras após a remoção inconstitucional do presidente eleito Zelaya, o presidente Obama comentou sobre a "ironia de que aqueles que reclamavam contra a interferência dos EUA na América Latina estão agora reclamando de que não estamos interferindo o bastante".[3] Do ponto de vista da Casa Branca, pode parecer que os EUA são "condenados" em ambos os sentidos, mas é importante reconhecer que em apenas um número limitado de pequenas e vulneráveis nações da América Latina é que essa lógica perversa foi reforçada.[4]

Honduras é um dos poucos países onde as relações passadas com os Estados Unidos geram tais expectativas. Foi uma

[3] Citado por Shifter (2010:69).

[4] Os políticos de Washington podem ter esquecido o golpe de 2 de outubro de 1963, mas as elites de Honduras certamente se lembraram dele quando derrubaram o presidente Zelaya em 28 de junho de 2009. Em 1963, o Exército hondurenho ignorou os avisos da Embaixada dos Estados Unidos e do comando militar no Panamá, e enviou o presidente democraticamente eleito Villeda Morales para o exílio na Costa Rica. Embora o embaixador dos EUA, Burrows, advertisse que "o Presidente Kennedy suspenderia a ajuda econômica, se a revolta acontecesse [...] seus adversários conservadores responderam às ameaças de Burrows alegando que qualquer suspensão de ajuda por parte de Washington seria momentânea e que Burrows e seus acompanhantes estariam de volta em seis meses". Euraque (1996:113). O golpe de 1963 sinalizou o fim da Aliança para o Progresso que se destinava precisamente a evitar as condições propícias para a intervenção militar.

plataforma de combate do presidente Reagan contra os Sandinistas na Nicarágua nos anos 1980, e foi uma surpresa para Washington quando o governo de Honduras se juntou a seus vizinhos para apoiar a fórmula de Esquipulas para promover uma solução local para aquele conflito. Os EUA não são convidados para intervir em qualquer parte da América do Sul ou no México, nem mesmo em Cuba ou Venezuela.

Seja como for, Honduras serve como um exemplo de como é difícil "promover a democracia". A posição do presidente Lula foi que não se devia ceder perante os golpistas, mas a Espanha também tinha razão quando defendeu que o resultado das novas eleições devia ser aceito. Afinal, foi uma eleição (razoavelmente) democrática que pôs termo ao confronto. As velhas esperanças que os golpes militares nunca mais seriam tolerados na região estão sendo substituídas por um medo novo, de que aos poucos o recente consenso a favor da constitucionalidade democrática na região seja enfraquecido e fragmentado.

Para os Estados Unidos, os benefícios de uma vizinhança democrática são grandes e têm sido subestimados. Historicamente, a América Latina não se voltou para o autoritarismo sem que tendências internacionais correspondentes tivessem favorecido esse tipo de solução política. Embora ainda haja margem para melhorar o funcionamento da OEA, seria pouco satisfatório transferir as debilidades enraizadas nas políticas norte-americanas para essa organização.

Novos riscos

Existe um amplo consenso em todo o subcontinente de que os conflitos locais têm de ser geridos por atores locais e que, embora a mediação internacional seja aceitável, a intervenção dos Estados Unidos é inviável e faz mais mal do que bem. Esforços de mediação coletiva regional podem ser vistos como ineficazes em Washington, mas já passaram à história os dias de "presunção hegemônica" (Lowenthal, 1976).

Nos anos 1990, embora o Consenso de Washington estivesse em seu auge e parecia não haver modelos políticos ou econômicos alternativos para a América Latina, a "convergência" regional foi parcialmente artificial (Whitehead, 2009, cap. 1). E depois de 2001, as forças centrífugas se sobrepuseram às forças centrípetas. À atrocidade das Torres Gêmeas seguiu-se o colapso institucional argentino e a bancarrota de 2001/2002, o golpe de Estado fracassado contra o presidente Chávez e a recusa do Chile e do México em participar da "coalizão" do presidente Bush no Iraque. O processo para estabelecer uma Área de Livre Comércio das Américas sofreu um golpe mortal com a não renovação pelo Congresso dos Estados Unidos do *fast track* necessário para sua ratificação. Com a eleição de Morales na Bolívia e de Rafael Correa no Equador, a Alternativa Bolivariana tornou-se uma iniciativa multinacional. Finalmente, a crise financeira de 2008 culminou no não cumprimento pelos EUA das mesmas prescrições econômicas que tinham vindo a promover com tanto empenho ao sul do Rio Grande. Num nível mais profundo, a recente crise chama a atenção para uma aparente mudança de poder econômico global para a Ásia.

A administração Obama está em uma posição muito menos dominante no hemisfério do que esteve a administração Clinton apenas uma década antes. Antes da posse do presidente Obama, a imagem dos Estados Unidos estava muito aquém daquela de força e confiança que tinham projetado no pós-Guerra Fria. Alguns aspectos da sua liderança, como a securitização das questões internacionais, não convenciam a opinião pública na maioria das democracias da América Latina. Em vez de construir uma área de livre-comércio, construíram um muro para limitar os movimentos ilegais na fronteira com o México, deixaram de lado a prometida reforma da lei de imigração dos EUA e, assim, o principal parceiro na América Latina dos Estados Unidos era tratado como um "Estado falido". Se o relacionamento bilateral mais importante dos Estados Unidos se torna tão pouco amigável, isso terá um impacto negativo sobre a capacidade dos Estados Unidos de enfrentar os outros desafios na região. Mas o contrário também é verdade: se essa relação for melhorada, a administração Obama ganhará uma vantagem enorme em relação ao resto da região.

Os desapontamentos iniciais em Cuba, Haiti e Honduras provavelmente passarão deixando apenas um gosto modestamente ruim. Mas há perigos maiores pela frente: existem os desafios do crime organizado, do tráfico de drogas, da lavagem de dinheiro e do comércio de armas. Bloquear a via de acesso mexicana ao mercado norte-americano não é necessariamente uma solução, podendo gerar mais instabilidade no Caribe; existe também uma série de outras questões diplomáticas – o descobrimento de uma grande reserva de óleo dentro do que a Grã-Bretanha chama de "zona de exclusão" em torno das Falklands/Malvinas, por exemplo, poderia reacender o ainda não solucionado conflito jurídico-político internacional. As tensões dividindo a Alba e até mesmo o Brasil e a administração de Obama têm potencial para aumentar e podem interagir com outros problemas menores (como a retaliação da OMC[5]

[5] Apesar de muitos anos de paciente negociação, os Estados Unidos ainda não cumpriram com a decisão do Nafta que permite que os caminhões mexicanos operem nos EUA, ou com uma decisão da OMC em favor do Brasil sobre os subsídios ao algodão.

ou o conflito das Malvinas) para prejudicar a diplomacia internacional de Washington. E o episódio de Honduras ilustra o que poderia acontecer se Repúblicas mais fortemente sujeitas a influências conservadoras (como a Colômbia ou o Peru) se tornassem politicamente divididas. Aqueles que supõem que as preferências norte-americanas acabarão por prevalecer se houver polarização ideológica devem considerar o risco de que, ao contrário, na atual conjuntura, a tendência pode potenciar a oposição regional contra Washington. A Cúpula de Cancun de fevereiro de 2010, organizada pelo governo mexicano, por exemplo, concordou em ampliar o "Grupo do Rio" para 31 membros, excluindo os EUA e o Canadá. A existência dessa iniciativa demonstra a resistência da região a um pan-americanismo que aparenta servir a uma agenda norte-americana unilateral. A iniciativa pode refletir o desejo do México de não ficar "para trás" enquanto o resto da América Latina constrói instituições regionais fora do Nafta, mas também pode refletir certo grau de distanciamento com os EUA. É pouco provável que a Alba assuma a liderança deste grupo, mas ele poderá servir como uma caixa de ressonância para qualquer hostilidade que exista contra os Estados Unidos.

Os resultados negativos da "presunção hegemônica" são evidentes nas tensões entre o Brasil e os EUA sobre o caso do Irã. Quando o presidente iraniano, Ahmadinejad, foi convidado a visitar Bolívia, Brasil e Venezuela, a secretária de Estado Hillary Clinton advertiu à América do Sul que "tivessem em consideração as consequências" de aprofundar os laços regionais com o Irã. Antes da chegada de Clinton a uma visita oficial ao Brasil, em 7 de março de 2010, o presidente Lula da Silva rebateu, afirmando que ele iria visitar o Irã e que só tem que prestar conta dos seus atos ao povo brasileiro.

O presidente brasileiro afirmou ainda que cada país exerce a democracia como lhe parece adequado e que nem todos os atos dos EUA são aprovados pela comunidade internacional.[6] O chanceler Celso Amorim até comparou a campanha de Clinton contra o Irã com os relatórios anteriores à Guerra do Golfo sobre as supostas "armas de destruição em massa" do Iraque. Mas isto são menos declarações de divergência ideológica e relacionam-se mais com a exigência de respeito recíproco entre os Estados Unidos e seus aliados.

A melhor resposta dos EUA seria destacar o fato de que, nos termos do Tratado de Tlatlelolco, a América Latina estabeleceu uma grande zona livre de armas nucleares, um fato que necessitou cooperação e liderança de muitos países politicamente díspares e que demonstra como a região pode trabalhar unida para dar um exemplo de boas práticas ao resto do mundo. A resposta foi menos positiva: o secretário de Estado adjunto, Arturo Valenzuela, deu testemunho congressional logo após a intervenção do presidente "Lula", declarando que o governo dos Estados Unidos atua contra o autoritarismo ou populismo nas Américas, identificando os países cujas práticas democráticas merecem a aprovação dos EUA. Esta lista de "virtuosos" serve para reforçar o sentimento populista "antiamericano" mais do que para promover a reconciliação.

Existem riscos nas Américas e o governo Obama não pode negligenciá-los. Mas as condições continuam existindo para uma cooperação multilateral inteligente para maximizar as áreas de interesse comum. No entanto, para reforçar este potencial será necessária uma política mais coerente e mais igualdade nas relações. Em comparação a outras regiões do

[6] Declaração do presidente Lula durante visita oficial a El Salvador, *BBC Brasil*, 26 fev. 2010.

mundo, nem mesmo os mais complicados vizinhos latino--americanos de Washington são intratáveis (a União Europeia tem vizinhos como Argélia, Sérvia e Bielorrússia; a China tem de conviver com a Coreia do Norte e a Birmânia; e a Índia com o Paquistão). Os Estados Unidos têm uma reserva grande de *soft power* na América Latina e existe uma forte tradição de resolução conjunta de problemas regionais e de construção de consensos. A administração Obama deve construir uma política proativa e coerente a partir desta tradição positiva.

Muitos dos desafios de política externa analisados neste livro têm um impacto sobre temas relevantes para a política doméstica norte-americana. Por isso, muitas vezes a liberdade de ação da administração é fortemente constrangida pelas preferências do Congresso norte-americano. Mas, em um hemisfério ocidental democrático, o governo dos Estados Unidos não pode alegar a impossibilidade de agir devido a condicionamentos políticos domésticos. Se não conseguir melhorar sua posição nas Américas, suas perspectivas de avançar em outras arenas mais difíceis podem ser postas em causa.

A América Latina proporciona aos Estados Unidos um ambiente regional relativamente democrático e amigável. Os governos responsáveis da América Latina também devem ter em conta os riscos e o impacto negativo sobre seus interesses nacionais que teria uma relação degradada com os EUA. Mesmo que a equipe de Obama seja obrigada a se concentrar em outros lugares do mundo, e mesmo que ela cometa "lapsos hegemônicos", os Estados Unidos desta administração são um parceiro melhor do que os Estados Unidos da administração anterior, e possivelmente melhor do que os Estados Unidos de administrações vindouras. Por isso, é no interesse de todos evitar "oportunidades perdidas" para a cooperação regional.

Até uma comunidade de "bons vizinhos" pode desentender--se se seus membros não se ajudam mutuamente.

Referências

Capítulo 1 – O governo Obama e as Américas: promessa, desapontamento, oportunidade

BIATO, Marcel Fortuna. *Winds of change:* from Trinidad and Tobago to Honduras. Mimeo, 5 Oct. 2009.

CARLSEN, Laura. *CIP analysts look at Obama's first year:* Americas program commentary. Washington, D.C.: Center for International Policy, 2010.

CASAS-ZAMORA, Kevin. *No victory for democracy in Honduras.* Washington, D.C.: Brookings Institution, 1 Dec. 2009.

CASTAÑEDA, Jorge. Adios, *Monroe Doctrine:* when the yanquis go home. The New Republic, 28 Dec. 2009.

CLINTON, Hillary. *U.S.-Latin America relations.* 11 Sept. 2009. (Discurso)

COUNCIL ON FOREIGN RELATIONS. *U.S.-Latin American relations:* a new direction for a new reality. May 2008.

ELLINGWOOD, Ken. *Hillary Clinton wraps up Mexico visit, calls drug violence "intolerable".* Los Angeles Times, 27 Mar. 2009.

ELLIS, Robert Evan. *China in Latin America:* the whats and wherefores. Boulder, CO: Lynne Reinner Publishers, 2009.

FOCUS on Haiti. *FocalPoint*, v. 9, n. 2, Mar. 2010.

GARCIA, Marco Aurélio. *O que está em jogo em Honduras*. Política Externa, v. 18, n. 3, p. 123-129, dez./jan./fev. 2009/2010.

HAKIM, Peter. *Obama y Latinoamérica: un decepcionante primer año*. Foreign Affairs Latinoamérica, v. 10, n. 1, 2010.

HEINE, Jorge. *Playing the India card*. In: COOPER, Andrew F.; HEINE, Jorge (Ed.). *Which way Latin America?*: hemispheric politics meet globalization. Tokyo: United Nations University Press, 2009.

Hillary Clinton warns Latin America off close Iran ties. BBC News, 11 Dec. 2009. Disponível em: <http://news.bbc.co.uk/2/hi/8409081.stm>.

HURSTHOUSE, Guy; AYUSO, Tomás. *¿Cambio?*: the Obama administration in Latin America: a disappointing year in retrospective. Disponível em: <www.coha.org/cambio-the-obama-administration>.

INTER-AMERICAN DIALOGUE. *A second chance*: U.S. policy in the Americas. Mar. 2009.

LAMPREIA, Luiz Felipe. *Brasil comete erro de avaliação em Honduras*. Política Externa, v. 18, n. 3, p. 117-122, dez./jan./fev. 2009/2010.

LÓPEZ, Mayolo; GUERRERO, Claudia. *Ponen lupa a frontera y armas*. Reforma.com, 17 Apr. 2009.

LOWENTHAL, Abraham F. *Toward improved U.S. policies for Latin America and the Caribbean*. University of Miami, Oct. 2007. Mimeo.

______. *US-Brazil relations are critical*. The San Diego Union Tribune, 5 Mar. 2010.

National poll of Cubans and Cuban Americans on changes to Cuba policy. Bendixen & Associates, 20 Apr. 2009.

NICHOLAS, Peter; WILKINSON, Tracy. *Obama and Calderon, in Mexico, stress partnership*. Los Angeles Times, 17 Apr. 2009.

PARTNERSHIP for the Americas Commission, Brookings Institution, *Rethinking U.S.-Latin American relations:* a hemispheric partnership for a turbulent world. Nov. 2008. Mimeo.

PHILLIPS, Nicola. *Coping with China*. In: COOPER, Andrew F.; HEINE, Jorge (Ed.). *Which way Latin America?*: hemispheric politics meet globalization. Tokyo: United Nations University Press, 2009.

RICUPERO, Rubens. *Horror ao vácuo*. Folha de S.Paulo, 25 out. 2009.

ROBERTS, James M.; WALSER, Ray. *10 points for president elect Obama's Latin America Strategy*. Heritage Foundation Web Memo, Jan. 2009.

ROETT, Riordan; PAZ, Guadalupe (Ed.). *China's expansion into the Western hemisphere*: implications for Latin America and the United States. Washington, D.C.: Brookings Institution Press, 2008.

SABATINI, Christopher; MARCZAK, Jason. *Obama's tango:* restoring U.S. leadership in Latin America. Foreign Affairs, 13 Jan. 2010.

SANTISO, Javier (Ed.). *The visible hand of China in Latin America*. Paris: OECD Development Centre Report, 2007.

SCHAEFER, Agnes Gereben; BAHNEY, Benjamin; RILEY, W. Jack. *Security in Mexico*: implications for U.S. policy pptions. Santa Monica, CA: Rand, 2009.

SHIFTER, Michael. *Obama and Latin America:* new beginnings, old frictions. Current History, v. 109, n. 724, p. 67-76, Feb. 2010.

SPEKTOR, Matias. *How to read Brazil's stance on Iran*. 4 Mar. 2010. Disponível em: <http://www.cfr.org/brazil/read-brazils-stance-iran/p21576>.

SWEIG, Julia. *Obama's disappointing year in Latin America*. 12 Jan. 2010. Disponível em: <http://www.cfr.org/us-strategy-and-politics/obamas-disappointing-year-latin-america/p21177>.

The latino electorate at 100 days: Obama popular, but want to see action on immigration. *Latino Decisions*, 4 May 2009. Mimeo.

TRADE ADVISORY GROUP, AMERICAS SOCIETY AND COUNCIL OF THE AMERICAS. *Building the hemispheric growth agenda*: a new framework for policy. Jan. 2009.

UNITED STATES JOINT FORCES COMMAND. *Joint operating environment* 2008. Suffolk, VA: 25 Nov. 2008.

WASHINGTON OFFICE ON LATIN AMERICA. *Forging new ties*: a fresh approach to U.S. policy in Latin America. Sept. 2007.

Capítulo 2 – México e Estados Unidos: em busca de uma visão estratégica

CIDE. *México e o mundo: opinião pública e política exterior*. Disponível em: <www.mexicoyelmundo.cide.edu>.

DOW JONES NEWSWIRES, 7 Aug. 2004.

GALLAGHER, Kevin P.; PETERS, Enrique Dussel; WISE, Timothy A. (Ed.). *The future of North American trade policy*: lessons from Nafta. Boston University, Nov. 2009.

Gently does it – Mexico's complex relationship with America. The Economist, 3 Dec. 2009.

PASTOR, Robert A. et al. *The paramount challenge for North America*: closing the development gap. Disponível em: <www.american.edu/ia/cnas/pdfs/NADBank.pdf>.

Reform on ice. The New York Times, 2 Mar. 2010.

SILVA-HERZOG MÁRQUEZ, Jesús. *A diplomacia de brindes*. Reforma, 16 mar. 2009. Disponível em: <http://us.mg2.mail.yahoo.com/dc/blank.html?bn=324.3&.intl=kr&.lang=en-US - _ftn5>.

WORD, Daniel B. *Billions for a U.S.-Mexico border fence, but is it doing any good?* The Christian Science Monitor, 19 Sept. 2009.

Capítulo 3 – O desafio de Chávez a Obama: um casamento inconveniente ou uma gélida separação

ALVAREZ, Bernardo. *Venezuela responds*. Armed Forces Journal, Apr. 2010. Disponível em: <www.afji.com/2010/04/4543057/>.

Annual threat assessment of the us intelligence community for the senate select committee on intelligence, 2 Feb. 2010. Mimeo.

DATANALISIS. *Informe Escenarios Datanalisis*, Caracas, mar. 2010. Mimeo.

IMF. *World Economic Outlook*, Apr. 2010. Disponível em: <www.imf.org/external/pubs/ft/weo/2010/01/pdf/c2.pdf>.

MCCOY, Jennifer. *International response to democratic crisis in Venezuela*. In: BRIMMER, Esther (Org.). *Defending the gain*. Washington: Center for Transatlantic Relations, 2007. p. 119-132.

ROMERO, Carlos. *The United States and Venezuela: from a special relationship to wary neighbors*. MCCOY, Jennifer; MYERS, David (Org.). *The unraveling of representative democracy in Venezuela*. Baltimore: Johns Hopkins University Press, 2004.

SAN JUAN, Ana Maria. *America Latina y el bolivarianismo del siglo XXI*. Jan. 2008. Mimeo.

U.S. GOVERNMENT. Department of Energy. Energy Information Administration. *International Petroleum Monthly*, Mar. 2010. Disponível em: <www.eia.doe.gov/ipm/imports.html>.

U.S. STATE DEPART. Bureau of Democracy, *Human Rights and Labor. 2009 Human Rights Report:* Venezuela, 11 Mar. 2009.

Capítulo 4 – As relações entre a Bolívia e os Estados Unidos: além do impasse

AGENCIA BOLIVIANA DE INFORMACIÓN. *Discurso de Evo Morales Ayma, presidente de Bolivia, en la clausura de la VIII Cumbre del ALBA*. 14 nov. 2009.

Barack Obama quiere ATPDEA para Bolivia. Los Tiempos, 30 dic. 2009.

Bolivia tells US envoy to leave. BBC News, 11 Sept. 2008.

Bolivia's Evo Morales hails Obama's triumph as "historic". Deutsche Presse-Agentur, 5 Nov. 2008.

Declaración del ministro de la Presidencia sobre la ayuda de EEUU. Agencia Boliviana de Información, 30 ago. 2007.

DUNKERLEY, James. *Rebellion in the veins*: political struggle in Bolivia, 1952-1982. London: Verso, 1984.

EDER, George. *Inflation and development in Latin America*: a case history of inflation and stabilization in Bolivia. Ann Arbor: Bureau of Business, Research Graduate School of Business Administration, University of Michigan, 1960.

Evo ataca a la administracion de Bush y saluda a Barack Obama. Fides, 22 ene. 2009.

EVO *hizo un llamamiento a hacer un pacto contra el narcotráfico*. Europress, 11 mar. 2006.

HILLARY *Clinton warns Latin America off close Iran ties*. BBC News, 11 Dec. 2009.

IS BOLIVIA *cozying up to Iran?* Time Magazine, 9 Oct. 2007.

MALLOY, James. *Bolivia:* the uncompleted revolution. Pittsburgh: University of Pennsylvania Press, 1970.

MAYORGA, Fernando. *Elecciones en Bolivia:* lo nuevo y lo viejo. Anuario Social y Político de América Latina y el Caribe 6, Flacso/Unesco/Nueva Sociedad, Caracas, p. 9-17, 2003.

MOLINA, George Gray. *The politics of popular participation in Bolivia, 1994-1999*. Thesis – Nuffield College, Universidade de Oxford, Oxford, 2003.

Morales denuncia un golpe de Estado de gobernadores "rebeldes". Agência EFE, 15 sept. 2008.

OFICINA DEL ALTO COMISIONADO DE NACIONES UNIDAS PARA LOS DERECHOS HUMANOS EN BOLIVIA. *Informe publico sobre los hechos de violencia ocurridos en el departamento de Pando en septiembre de 2008*. La Paz: OACNUDH, 2009.

REUTER, Peter. *The limits of supply-side drug control*. Milken Institute Review, p. 14-23, 2001.

UNITED STATES DEPARTMENT OF STATE. *International narcotics control strategy report*; V. 1: drug and chemical control. Washington, DC: US State Department, Mar. 2010. Mimeo.

UNODC. *Coca cultivation in the Andean region:* a survey of Bolivia, Colombia, and Peru. New York: UNODC, 2008.

______. *World drug report 2009*. New York: UNODC, 2009.

Venezuela y EEUU acuerdan normalizar sus relaciones. El Pais, 25 jun. 2009.

WHITEHEAD, Laurence. *Bolivia's failed democratization, 1977-1980*. In: O'DONNELL, Guillermo; SCHMITTER, Philippe; ______ (Ed.). *Transitions from authoritarian rule*. Baltimore: Johns Hopkins University Press, 1986.

______. *The United States and Bolivia*: a case of neo-colonialism. Oxford, U.K.: Haslemere, 1969.

WOLA. *Congress to take-up new drug policy commission:* time to re-examine decades-old drug control policies. 15 Sept. 2009. Mimeo.

Capítulo 5 – A política de Obama para Cuba: o fim do "novo início"

ADAMS, David. *Cracks open in U.S. cultural wall around Cuba*. St Petersburg Times, 14 Aug. 2009.

BARRIONUEVO, Alexei; STOLBERG, Sheryl Gay. *Hemisphere's leaders signal a fresh start with U.S.* New York Times, 20 Apr. 2009.

BOOTH, William. *Cuba, pinning hopes on Obama.* Washington Post, 7 Jan. 2009.

Country reports on terrorism 2008. Washington, D.C.: U.S. State Department, 30 Apr. 2009.

Fact sheet: reaching out to the Cuban people. White House Press Release, Office of the Press Secretary, 13 Apr. 2009. Disponível em: <www.whitehouse.gov/the_press_office/Fact-Sheet-Reaching-out-to-the--Cuban-people/>.

HAVEN, Paul. *Juanes' Cuba concert draws huge crowd In Havana.* Associated Press, 21 Sept. 2009.

LUGAR, Richard. *Letter of transmittal.* In: CHANGING *Cuba Policy* – In the United States National Interest. Washington, D.C.: U.S. Government Printing Office, 23 Feb. 2009. Mimeo.

NEILL, Morgan. *Obama misreads Cuban offer, Fidel Castro says.* CNN.com, 22 Apr. 2009.

Remarks of senator Barack Obama: renewing U.S. leadership in the Americas. Miami, Florida, 23 May 2008. Mimeo.

ROBLES, Frances. *Obama encourages Cuba to take concrete steps.* Miami Herald, 19 Apr. 2009.

Rock star sees concert helping thaw U.S.-Cuba relations; Juanes gig set for Sept. 20 in Havana. *Reuters*, 27 Aug. 2010.

SANCHEZ, Yoani. *President Obama's answers to my questions.* 19 Nov. 2009. Disponível em: <http://desdecuba.com/generationy/>.

SHEAR, Michael D.; KING, Cecilia. *Obama lifts broad set of sanctions against Cuba.* Washington Post, 14 Apr. 2009.

SHERIDAN, Mary Beth. U.S., *Cuba held extended talks.* Washington Post, 30 Sept. 2009.

SNOW, Anita. *Cuban prisoners don't want to be traded for spies.* Associated Press, 21 Apr. 2009.

THOMPSON, Ginger. *U.S. plans informal meetings with Cuban diplomats to improve communications.* New York Times, 27 Apr. 2009.

WEAVER, Jay. *Posada gets more time for perjury defense.* Miami Herald, 16 June 2009.

WINDREM, Robert. *CIA analyzes video of Fidel Castro for clues.* MSNBC, 18 June 2008.

Capítulo 6 – Haiti: a vida após a sobrevivência

Action plan for National Recovery and Development of Haiti. Mar. 2010. Disponível em: <www.ifud.org/wp-content/uploads/2010/04/Haiti_Ation_Plan.pdf>.

Haiti 2010: scenarios politiques après le séisme. Scenarios travaillés au cours du Post Disaster Needs Assessment, groupe "processus démocratique" avec la méthodologie du projet Papep/PNUD. Port au Prince, 4 Mar. 2010.

INTERNATIONAL CRISIS GROUP. *Haiti*: justice reform and the security crisis. Latin America/Caribbean briefing, n.14, 31 Jan. 2007.

UNITED NATIONS. Security Council. *Report of the secretary-general on the United Nations stabilization mission in Haiti*. S/2010/200. 22 Apr. 2010.

Capítulo 7 – Obama e o Brasil

A bolha de Lula. Folha de S.Paulo, 19 dez. 2009. Painel.

Acordos de defesa devem ser bilaterais, diz Valenzuela. Agência Estado, 14 dez. 2009. Disponível em: <www.estadao.com.br/noticias/internacional,acordos-de-defesa-devem-ser-bilaterais-diz-valenzuela,481910,0.htm>.

AMORIM, Celso. *Discurso na III Reunião de Ministros das Relações Exteriores da América do Sul*, Santiago, Chile, 24 nov. 2006. Mimeo.

BBC BRASIL, 23 fev. 2010.

Brasil é convidado para integrar o Comitê de Basileia para Supervisão Bancária. Folha Online, 13 mar. 2009.

Brasil faz operação para afirmar comando no Haiti. Agência Estado, 23 jan. 2010. Disponível em: <www.estadao.com.br/noticias/internacional,brasil-faz-operacao-para-reafirmar-comando-no-haiti,500359,0.htm>.

Cúpula das Américas termina só com uma assinatura no documento final. Folha Online, 19 abr. 2009.

EUA podem se isolar por apoio a eleição em Honduras, diz assessor de Lula. 25 nov. 2009. Disponível em: <www1.folha.uol.com.br/folha/mundo/ult94u657711.shtml>.

Lula compara dissidente cubano e bandidos em São Paulo. O Globo, 10 mar. 2010.

Lula diz que Brasil tem autoridade moral para falar como se cuida de um país. Folha Online, 27 fev. 2009.

Lula quer explicações dos EUA sobre Quarta Frota. Folha de S.Paulo, 2 jul. 2008. Disponível em: <www1.folha.uol.com.br/folha/bbc/ult272u418285.shtml>.

Nota do MRE à imprensa n. 175 (7/4/2010). Disponível em: <www.mre.gov.br/portugues/imprensa/nota_detalhe3.asp?ID_RELEASE=7994>.

O Brasil não pede licença. Zero Hora, 22 nov. 2009. Disponível em: <www.sae.gov.br/site/?p=2116>.

OBAMA, Barack. *Renewing U.S. Leadership in the Americas.* 23 maio 2008. Disponível em: <http://blogs.suntimes.com/sweet/2008/05/obama_latin_america_speech_in.html>.

Primeira votação na OEA deve reeleger Insulza. O Estado de S. Paulo, 24 mar. 2010.

Capítulo 8 – A agenda da democracia nas Américas: o caso para a ação multilateral

CLINTON, Hillary. *Human rights agenda for the 21st century.* Speech delivered at Georgetown University, Dec. 14, 2009. Disponível em: <www.state.gov/secretary/rm/2009a/12/133544.htm>.

COMMUNITY OF DEMOCRACIES. *A diplomat's handbook for democracy development support.* Disponível em: <www.diplomatshandbook.org>.

HALPERIN, Morton H.; SIEGLE, Joseph T.; WEINSTEIN, Michael M. *The democracy advantage:* how democracies promote prosperity and peace. New York: Routledge, 2005.

HERMAN, Robert; PICCONE, Theodore. *Defending democracy:* a global survey of foreign policy trends, 1992–2002. Washington: Democracy Coalition Project, Oct. 2002.

IBERIAN AMERICAN CONSORTIUM FOR INVESTIGATING MARKETS AND CONSULTATION (CIMA). *Barómetro iberoamericano de gobernabilidad 2009.* Bogotá: Centro Nacional de Consultoría, 2009. Disponível em: <www.cimaiberoamerica.com/>.

OBAMA, Barack. *A just and lasting peace*. Nobel Lecture, Oslo, Norway, Dec. 10, 2009. Disponível em: <http://nobelprize.org/nobel_prizes/peace/laureates/2009/obama-lecture_en.html>.

PEW GLOBAL ATTITUDES PROJECT. *Confidence in Obama lifts U.S. image around the world*. July 23, 2009. Disponível em: <http://pewglobal.org/reports/display.php?ReportID=264>.

U.S. AGENCY FOR INTERNATIONAL DEVELOPMENT. *Fiscal year 2009 Agency Financial Report*. Disponível em: <www.usaid.gov/policy/afr09/USAIDFY2009AFR.pdf>.

UN DEVELOPMENT PROGRAM. *Annual report 2009*. New York: 2009. Disponível em: <www.undp.org/publications/annualreport2009/pdf/EN_FINAL.pdf>.

Capítulo 9 – Obama e as Américas: velhas esperanças, novos riscos

A comparative atlas of defence in Latin America. Buenos Aires: Resdal, 2008.

EURAQUE, Dario A. *Reinterpreting the Banana Republic*: region and state in Honduras, 1870-1972. Chapel Hill: University of North Carolina Press, 1996.

LOWENTHAL, Abraham. *Two hundred years of American foreign policy:* the United States and Latin America: ending the hegemonic presumption. Foreign Affairs, Oct. 1976.

SHIFTER, Michael. *Obama and the Latin America:* new beginnings, old frictions. Current History, Feb. 2010.

WHITEHEAD, Laurence. Navigating in a fog: meta-narrative in the Americas today. In: COOPER, Andrew F.; HEINE, Jorge (Ed.). *Which way Latin America?*: hemispheric politics meets globalization. Tokyo: UNU Press, 2009. cap. 1.

Livros publicados pela Coleção FGV de Bolso

(01) *A história na América Latina – ensaio de crítica historiográfica* (2009)
de Jurandir Malerba. 146p.
Série 'História'

(02) *Os Brics e a ordem global* (2009)
de Andrew Hurrell, Neil MacFarlane, Rosemary Foot e Amrita Narlikar. 168p.
Série 'Entenda o Mundo'

(03) *Brasil-Estados Unidos: desencontros e afinidades* (2009)
de Monica Hirst, com ensaio analítico de Andrew Hurrell. 244p.
Série 'Entenda o Mundo'

(04) *Gringo na laje – produção, circulação e consumo da favela turística* (2009)
de Bianca Freire-Medeiros. 164p.
Série 'Turismo'

(05) *Pensando com a sociologia* (2009)
de João Marcelo Ehlert Maia e Luiz Fernando Almeida Pereira. 132p.
Série 'Sociedade & Cultura'

(06) *Políticas culturais no Brasil: dos anos 1930 ao século XXI* (2009)
de Lia Calabre. 144p.
Série 'Sociedade & Cultura'

(07) *Política externa e poder militar no Brasil: universos paralelos* (2009)
de João Paulo Soares Alsina Júnior. 160p.
Série 'Entenda o Mundo'

(08) *A Mundialização* (2009)
de Jean-Pierre Paulet. 164p.
Série 'Sociedade & Economia'

(09) *Geopolítica da África* (2009)
de Philippe Hugon. 172p.
Série 'Entenda o Mundo'

(10) *Pequena introdução à filosofia* (2009)
de Françoise Raffin. 208p.
Série 'Filosofia'

(11) *Indústria cultural – uma introdução* (2010)
de Rodrigo Duarte. 132p.
Série 'Filosofia'

(12) *Antropologia das emoções* (2010)
de Claudia Barcellos Rezende e Maria Claudia Coelho. 136p.
Série 'Sociedade & Cultura'

(13) *O desafio historiográfico* (2010)
de José Carlos Reis. 160p.
Série 'História'

(14) *O que a China quer?* (2010)
de G. John Ikenberry, Jeffrey W. Legro, Rosemary Foot e Shaun Breslin. 132p.
Série 'Entenda o Mundo'

(15) *Os índios na história do Brasil* (2010)
de Maria Regina Celestino de Almeida. 164p.
Série 'História'

(16) *O que é o Ministério Público?* (2010)
de Alzira Alves de Abreu. 124p.
Série 'Sociedade & Cultura'

(17) *Campanha permanente: o Brasil e a reforma do Conselho de Segurança das Nações Unidas* (2010)
de João Augusto Costa Vargas. 132p.
Série 'Sociedade & Cultura'

(18) *Ensino de história e consciência histórica: implicações didáticas de uma discussão contemporânea* (2011)
de Luis Fernando Cerri. 138p.
Série 'História'

(19) *Obama e as Américas* (2011)
de Abraham Lowenthal, Laurence Whitehead e Theodore Piccone. 210p.
Série 'Entenda o Mundo'

Esta obra foi produzida nas
oficinas da Imos Gráfica e Editora na
cidade do Rio de Janeiro